URBANES CHRISTENTUM

Festschrift zum Jubiläum 100 Jahre Verband der
stadtzürcherischen evangelisch-reformierten Kirchgemeinden

T V Z

Niklaus Peter (Hg.)

URBANES CHRISTENTUM

Festschrift zum Jubiläum 100 Jahre Verband der
stadtzürcherischen evangelisch-reformierten Kirchgemeinden

TVZ
Theologischer Verlag Zürich

Die Deutsche Bibliothek – Bibliografische Einheitsaufnahme
Die Deutsche Bibliothek verzeichnet diese Publikation in der Deutschen Nationalbibliografie;
detaillierte bibliografische Daten sind im Internet über http://dnb.ddb.de abrufbar

Layout, Satz, Umschlag
Mario Moths, Marl

Umschlag unter Verwendung einer Fotografie von Zeljko Gataric

Druck
Rosch Buch GmbH, Scheßlitz

ISBN 978-3-290-17548-1
© 2009 Theologischer Verlag Zürich
www.tvz-verlag.ch

INHALT

VORWORT DES HERAUSGEBERS

Schwer vorzustellen, wie ein spröder Zweckverband städtischer Kirchgemeinden sich feiern soll. Und aus der Institutionengeschichte weiss man, dass solche
nicht eben leichtfüssigen Organisationen auch nicht leicht zu reformieren sind.
Der Verband der stadtzürcherischen evangelisch-reformierten Kirchgemeinden
aber will aus gutem Grund beides zugleich tun.

Er nimmt sein 100-Jahre-Jubiläum zum Anlass, zuerst retrospektiv sich die
Kraftlinien des urbanen Christentums, die Motive des damaligen Zusammen-
schlusses und die Vielfalt der Aufgaben und Tätigkeiten zu vergegenwärtigen,
danach geht es prospektiv um einen Reformprozess, der schon angelaufen ist,
bei dem aber noch nicht abzusehen ist, wohin er führt. Es geht um differenzierte
Analysen und theologische Ausblicke.

Nach einem grundsätzlichen Geleitwort der Präsidentin Christine Grünig,
in dem die Solidarität als zentrales Motiv herausgestellt wird, lädt Peter Opitz,
der neugewählte Professor für Kirchengeschichte in Zürich, zu einer Zeitreise
ein. Sie führt, in Siebenmeilenstiefeln, von den ersten Anfängen bis fast in die
Gegenwart hinein. Opitz zeigt, wie sehr das Christentum immer eine städtische
Angelegenheit war, wie irreleitend also das Selbstbild einer im Kern dörflichen
Kirche ist, die in den Wirbeln der Urbanisierung unter die Räder kommt. Seine
historische Skizze will Mut machen, diese Stadtgeschichte des Christentums
fortzuschreiben.

Danach folgt ein Reprint der Rede Gottlieb Burkhards zum 75-jährigen Jubiläum des Stadtverbandes, welche die Motive des ursprünglichen Zusammen-
schlusses auf eine knappe und lebendige Weise in Erinnerung ruft, während im

farbigen Kaleidoskop von Geschichten, die der Historiker Martin Leonhard vor uns ausbreitet, die Vielfalt der Tätigkeiten und Aufgaben des Stadtverbandes sichtbar wird.

Der Soziologe Charles Landert fasst die Ergebnisse seines Berichts über den Stadtverband zusammen, einer Organisationsanalyse, die auf Recherchen und vielen Interviews beruht, und formuliert dann, was aus seiner Sicht die «Gelingensbedingungen» der Reform sind.

Ralph Kunz schliesslich, als Professor für Praktische Theologie in Zürich von Amtes wegen mit Kirchenstrukturen im Spannungsfeld von Theologie und neuen religionssoziologischen Entwicklungen beschäftigt, denkt über Visionen und Realitäten, über prophetische Distanz und notwendige Träume im Blick auf die stadtzürcherischen Kirchgemeinden nach.

In der Mitte des Buches findet sich eine farbige Fotostrecke von Zeljko Gataric. Wir haben ihn gebeten, seine eigene fotografische Sichtweise des Themas «Kirche mitten in der Stadt» zu entwickeln. Herausgekommen ist dabei kein vollständiges Inventar stadtzürcherischer Kirchengebäude, sondern eine persönliche, höchst lebendige Bildreportage über unsere Kirchen in unterschiedlichen urbanen Konstellationen: Blicke aufs Ganze und auf Details, Suchaufgaben und Entdeckungen mit wechselnden Perspektiven.

Ein Dank an alle, die mitgedacht und mitgearbeitet haben an diesem Buch – an die Präsidentin des Stadtverbandes, an alle Autoren und an den Fotografen, an die Organisatoren des Symposions, an Dekan Theo Haupt und Ralf Kühne, an Lisbeth Zürrer, und nicht zuletzt an den TVZ, insbesondere an die Verlagsleiterin Marianne Stauffacher und Frauke Dobek.

Niklaus Peter
Pfarrer am Fraumünster

GELEITWORT DER PRÄSIDENTIN

Am 18. April 1909 stimmten die Zürcher Stimmbürger dem «Gesetz betreffend den Verband der stadtzürcherischen Kirchgemeinden» und damit der Schaffung des evangelisch-reformierten Stadtverbandes zu. Grund- und Leitgedanke für die Gründung des reformierten Stadtverbandes war die Solidarität. Diesem Prinzip ist der reformierte Stadtverband in den hundert Jahren seines Bestehens treu geblieben, und es steht auch heute im Vordergrund seiner Aufgaben.

Während es bei der Gründung des reformierten Stadtverbandes zur Hauptsache um die Solidarität unter den stadtzürcherischen Kirchgemeinden ging, indem sich die finanzstarken Kirchgemeinden verpflichteten, durch die Einführung eines einheitlichen Steuerfusses für alle Verbandsgemeinden die armen Kirchgemeinden zu unterstützen, hat sich der Solidaritätsgedanke im Laufe der Zeit weit über die Stadtgrenzen und die reformierte Bevölkerung hinaus ausgeweitet. So verpflichtet sich der reformierte Stadtverband beispielsweise, einen bestimmten Prozentsatz seiner Einnahmen der Förderung ökumenischer Hilfe im In- und Ausland und der Entwicklungshilfe in der Dritten Welt zur Verfügung zu stellen, und unterstützt christliche und diakonische Werke sowie den Bau von Alters- und Pflegeheimen.

Auch die «gemeinsame Lösung von kirchlichen Aufgaben zur Förderung von Werken und Institutionen, die im Allgemeinen gesamtstädtischen Interesse liegen», wie es im Zweckartikel des Verbandsstatuts heisst, gewann zunehmend an Bedeutung. In den ersten siebzig Jahren seines Bestehens wuchs der Stadtverband dank Eingemeindungen und Bevölkerungszuwachs ständig und die reformierten Kirchgemeinden wurden teilweise so gross, dass sie ihre Aufgaben nicht mehr bewältigen konnten und es zur Teilung von Kirchgemeinden kam. Als erste gesamtstädtische Institution entstand 1946 das reformierte Spitalpfarramt, das die seelsorgerliche Begleitung und Betreuung in den städtischen Spitälern und Pflegeheimen garantiert und gleichzeitig die Gemeindepfarrämter von dieser Aufgabe entlastet.

Ab Mitte der Achtzigerjahre des zwanzigsten Jahrhunderts nahm die reformierte Bevölkerung in der Stadt Zürich sprunghaft ab, und die Zahl jener Einwohnerinnen und Einwohner, die keiner christlichen Konfession angehören, stieg von Jahr zu Jahr. Diese Entwicklung war für den reformierten Stadtverband eine grosse Herausforderung. Einerseits galt es, nicht mehr nur für die eigentliche reformierte Wohnbevölkerung da zu sein, sondern auch jenen Menschen ein kirchliches Angebot bereitzustellen, die sich tagsüber in der Stadt aufhalten, aber anderswo wohnen, und anderseits gewann die ökumenische Zusammenarbeit und die Solidarität über die Konfessions- und Religionsgrenzen hinaus zunehmend an Bedeutung. Da sich zudem die Bedürfnisse der einzelnen Personen wandelten, und da bei der Inanspruchnahme von Hilfe die Anonymität immer mehr in den Vordergrund trat, versuchte der Stadtverband, auch diesen Veränderungen Rechnung zu tragen. Ergänzend zu den Angeboten in den Kirchgemeinden, die uneingeschränkt erhalten blieben, entstanden die ökumenischen Kirchen im Hauptbahnhof und im Einkaufszentrum Sihlcity, die niederschwellig und auf Wunsch anonym Seelsorge anbieten, und deren Räume – erstmals in der Stadt Zürich – ausdrücklich auch jenen Menschen offen stehen, die keiner christlichen Religion angehören.

Grosse Veränderungen traten auch in der Jugendarbeit ein. Glücklicherweise gibt es nach wie vor Jugendgruppen in den einzelnen Gemeinden; auf dem Gebiet der Stadt Zürich halten sich jedoch Hunderte von Jugendlichen auf, die weder ein geordnetes Zuhause, noch eine feste Lehr- oder Arbeitsstelle noch einen gesicherten Lebensunterhalt haben. Diese jungen Menschen finden Halt und Unterstützung in der streetchurch, der reformierten Jugendkirche der Stadt Zürich, deren Wirken weder Gemeinde- noch Konfessionsgrenzen kennt.

Ein weiteres und hier letztgenanntes Zeichen dafür, wie sich die Aufgaben des reformierten Stadtverbandes in hundert Jahren verändert haben, ist die Einrichtung des Zentrums für Migrationskirchen im Kirchgemeindehaus Wipkingen. In diesem riesigen Gebäude, das für die Kirchgemeinde längst zu gross geworden ist, finden nun Menschen aus für uns fremden Kulturkreisen ein Stück Heimat in einer ihnen fremden Welt.

Die kirchliche Tätigkeit in einer lebendigen Stadt ist einem steten und ständigen Wandel unterworfen. Der Stadtverband hat stets versucht, neue Bedürfnisse wahrzunehmen und abzudecken, auf Veränderungen in der Bevölkerungsstruktur und in der Wahrnehmung der Kirche zu reagieren und gleichzeitig Bewährtes zu erhalten. Er hat versucht, als Kirche bei den Menschen zu sein, auf ihrem Weg, in ihrer Arbeitswelt und nach wie vor in ihren Familien. Dank der Möglichkeit, schnell und unkompliziert zu handeln, und insbesondere dank des Einsatzes der Pfarrerinnen und Pfarrer, der Behördenmitglieder, der Angestellten und der unzähligen Helferinnen und Helfer, die sich auf freiwilliger Basis für die Kirche einsetzen, ist ihm Vieles gelungen. Ihnen gebührt an dieser Stelle besonderer Dank.

Die Arbeit des Stadtverbandes ist nach hundert Jahren nicht zu Ende. Die Aufgaben werden sich weiter ändern, einige werden vielleicht entfallen, doch es kommen neue hinzu. Ich wünsche dem Stadtverband und allen, die sich auch in Zukunft für die Kirche in der Stadt Zürich und für die Solidarität über die Grenzen hinaus einsetzen, den Segen Gottes.

Christine Grünig
Präsidentin des Vorstandes
des Verbandes der evangelisch-reformierten
Kirchgemeinden der Stadt Zürich

Peter Opitz

URBANES CHRISTENTUM – EINE ZWEITAUSENDJÄHRIGE GESCHICHTE VON INNOVATION, REFORM UND ADAPTATION

Baut Häuser und wohnt darin; pflanzt Gärten und esst ihre Frucht ... sucht das Wohl der Stadt, in die ich euch in die Verbannung geschickt habe, und betet für sie zum Herrn ... erntet ihr Wein und Obst und Öl und füllt es in eure Gefässe und wohnt in euren Städten, die in eurem Besitz sind. (Jer 29,5.7; Jer 40,10)

«Denn er wartete auf die Stadt mit den festen Fundamenten, deren Planer und Erbauer Gott ist.» (Hebr 11,10)

Einleitung

Das Christentum war immer schon in besonderer Weise eine städtische Religion. Und dies von Anfang an. Wachstum und Verbreitung, Innovationsschübe und Reformen fanden nach dem Zeugnis des Neuen Testaments besonders im städtischen Raum statt. Die erste Pfingstgemeinde versammelte sich in Jerusalem, die erste heidenchristliche Gemeinde war in der kleinasiatischen Grossstadt Antiochia anzutreffen, und die Adressaten früher Briefe des Paulus waren die Gemeinden in Rom, Korinth, Philippi, Ephesus. In diesen Städten fanden sich Menschen, die bereit sind, sich vom Althergebrachten zu verabschieden und ihre Ohren für das Evangelium zu öffnen.

So verbreitete sich das Christentum auch in der unmittelbar nachneutestamentlichen Zeit im römischen Reich zunächst in den Städten, während die Menschen vom Land erst mit einiger, teilweise mit recht grosser, zeitlicher

Verzögerung die neue Religion übernahmen. Nicht zufällig ist der lateinische Name für einen Heiden, einen «paganus», identisch mit der Bezeichnung für einen Menschen vom Lande.

Die Stadt als Ort des Zusammenlebens verschiedener Menschen auf engem Raum ist zugleich auch ein ganz besonders spannungsreicher Ort der Begegnung des Evangeliums mit der Welt. Das war schon immer so, und dies macht gerade das städtische Christentum besonders spannend! Wenig verwunderlich ist, dass gerade das städtische Christentum immer auch besonderen Versuchungen und Gefährdungen für die christliche Botschaft und für das gelebte Christentum ausgesetzt war. Schon die Briefe des Paulus an die Römer und Korinther belegen dies eindrucksvoll: Hier galt es in besonderer Weise, zu ermahnen, zu tadeln, aber auch zu trösten und zu ermutigen.

Man kann geradezu sagen: Das Christentum, das seinen Namen verdient, die Kirche Jesu Christi, gibt es nur, wo diese Spannung ausgehalten und gelebt wird. Und das städtische Christentum geht hier voran! Fügt es sich nahtlos in die Stadtkultur ein, um möglichst bei den Leuten zu sein, oder wählt es umgekehrt den Weg der äusseren Separation oder der inneren Emigration, um möglichst unberührt vom Stadtleben die eigene Reinheit zu pflegen, dann droht es, seinen «Geist» und sein Existenzrecht gerade zu verlieren. Die Kirchengeschichte bietet Beispiele für beide Abwege. In der Regel aber hat die christliche Gemeinde diese Spannung immer auch irgendwie akzeptiert und zu leben versucht: Sie ist Teil einer durch und durch menschlichen Gemeinschaft, Wirtschaft und Kultur. Die Wände der christlichen Häuser sind selbstgebaut, und es sind zugleich die Wände ihrer Nachbarhäuser. Das Wohlergehen der eigenen Stadt ist für die christliche Gemeinde nicht weniger wichtig als für die übrige Einwohnerschaft. Als christliche Gemeinde blickt sie aber stets auch über ihre eigene gegenwärtige Stadt hinaus, auf eine «künftige», nicht mit menschlicher Anstrengung zu errichtende Stadt: auf das Reich Gottes. Auch innerhalb der Gemeinde selbst muss die Auseinandersetzung über dieses spannende städtische Christentum ausgetragen und muss es immer neu ausgehandelt werden!

An einem Jubiläum blickt man zurück. Und vielleicht ist es für ein kirchliches Jubiläum nicht unangemessen, wenn ein solcher Rückblick die eigene Geschichte im engeren Sinn auch ein wenig überschreitet. Dies soll im folgenden kleinen Streifzug durch die Epochen des Christentums als städtischer Religion geschehen: durch die Antike als Zeit der ersten Bewährung des Christentums, durch die mittelalterliche christliche Stadt zwischen Anspruch und Wirklichkeit, durch die Stadt als Zentrum der «Reformation» des Christentums und durch die Stadt als Ort von christlichen Sozietäten und Initiativen in der Neuzeit. Einige eher willkürlich ausgesuchte Schlaglichter sollen uns in Erinnerung rufen: Es gibt eine «Gemeinschaft der Heiligen» – so wird ja seit alters die Kirche bezeichnet – die gerade uns «städtische» Christinnen und Christen verbindet, miteinander, aber auch mit unseren Vorgängerinnen und Vorgängern durch die Zeit des Christentums hindurch. Sie ist keine Gemeinschaft von Stadtheiligen, und erst recht nicht von Säulenheiligen, die oberhalb des pulsierenden urbanen Lebens thronen und die zu «heilig» sind, um sich wirklich in die zweideutigen Geschäfte und Geschichten der Stadt einzumischen. Eher ist es eine Gemeinschaft von «städtischen» Heiligen, eine Gemeinschaft von Frauen und Männern, die in ihrer Stadt leben, in sie verwoben sind, und die dieser Spannung nicht ausweichen, sondern sie in je neuer Weise wahrzunehmen und auszuhalten bereit sind. Ist nicht gerade dieses Spannungsfeld der Ort, an dem der «Geist» des Christentums am ehesten beheimatet ist, der Geist den die Bibel den «heiligen» Geist nennt? Die Erinnerung an die Tradition, in der wir stehen, kann uns unsere besondere Verantwortung nicht abnehmen, sie kann uns aber gleichsam den Rücken stärken zum Weiterschreiten in derselben Sache und im selben Auftrag.

Die Stadt als Ort der ersten Bewährung des Christentums

Die Quellen und Zeugnisse, die wir über das Leben der christlichen Gemeinde in der frühen Zeit des Christentums besitzen, sind naturgemäss begrenzt. Wir können ihnen aber durchaus etwas über das Christentum in der Stadt entnehmen. Bei der Ausbreitung und Konsolidierung des Christentums spielten die antiken Städte eine Schlüsselfunktion. Und gleichzeitig bedeutete die Präsenz und Integration der christlichen Gemeinde in einer antiken Stadt eine Bewährungsprobe, die nicht ohne Rückwirkung auf die christliche Gemeinde, ihre Theologie und ihre Praxis, bleiben konnte. In der ersten Hälfte des zweiten Jahrhunderts, die Neronische Verfolgung gehörte bereits seit einigen Jahrzehnten der Vergangenheit an, hatten sich die Christen in der Stadt Rom längst fest etabliert. Sie bildeten keine Untergrundkirche mehr, sondern waren Teil der römischen Gesellschaft. So verwundert es nicht, dass sich die gesellschaftlichen Probleme, etwa das Problem des Zusammenlebens der verschiedenen sozialen Schichten, auch im Innern der Gemeinde zu manifestieren begann, wie dies ja bereits im Römerbrief des Paulus angedeutet ist. Gleichzeitig war die Ethik dieser frühen Christen noch geprägt von einem rigorosen Taufverständnis, welches die Separation des getauften Christen von den weltlichen Geschäften fast notwendig mit sich brachte: Zwar war die Taufe zur Vergebung der Sünden eingesetzt, nach der Taufe allerdings hatten die Christen heilig zu leben. Eine Busse nach einem wesentlichen Abfall vom Glauben in Wort und Tat war nicht mehr möglich, wie es schon der Verfasser des Hebräerbriefs formuliert hatte (Hebr 10,26f). Konnte sich eine christliche Gemeinde unter diesen Vorzeichen längerfristig in der Welt einrichten und sich am Leben einer grösstenteils nicht-christlichen Stadt aktiv beteiligen?

Eine an diese römische Gemeinde gerichtete Schrift, der wohl etwas vor der Mitte des zweiten Jahrhunderts entstandene «Hirte des Hermas», scheint auf diese Situation Bezug zu nehmen. Offenbar herrschte unter zahlreichen Bewohnern der Stadt grosse Armut, auch unter den Christen. Dass sie keine angemessene Unterstützung und Versorgung erhielten, durfte gerade in einer Christengemeinde nicht sein: «Jedem Menschen muss aus seiner Not geholfen werden. Denn wer darbt und am Nötigsten des täglichen Lebens mangelt, erduldet grosse Pein.»

Und zugleich gab es eine ganze Anzahl Christen, die zu Reichtum gelangt und in das städtische Handelsleben integriert waren. Oft ging dies nicht ohne ethische Kompromisse und Anpassung an die Gepflogenheiten der weltlichen Geschäftstätigkeiten. Mit der zunehmenden Verflechtung in die Handelswelt aber entfremdeten sie sich von der Gemeinde und vom christlichen Ideal. Bis ein Punkt erreicht war, von dem aus an eine Rückkehr in die Gemeinde, die sich wesentlich vom Gegensatz zur Welt her definierte, nicht mehr zu denken war. Und eine zweite Busse war für bereits getaufte Christen ausgeschlossen. Damit aber entfiel auch die innergemeindliche Solidarität zwischen armen und reichen Gemeindegliedern. Zwar ist Besitz grundsätzlich nichts Verwerfliches, und in der Christengemeinde gehören Arme und Reiche zusammen, ja sie sind, wie der «Hirte des Hermas» erläutert, aufeinander bezogen und angewiesen wie die Ulme und der Weinstock: Der Weinstock braucht die an sich unfruchtbare Ulme, um an ihr hochzuwachsen und Frucht zu bringen. Entsprechend wird in der Gemeinde der Reiche den Armen materiell unterstützen, während der Arme mit seinem starken Glauben für den Reichen beten kann.

Der Verfasser des «Hirten des Hermas» verbindet nun in seinem Schreiben an die römische Gemeinde das soziale Problem des grossen Unterschiedes zwischen Arm und Reich mit dem theologischen Problem der Busse in pro-phetischer und zugleich praktikabler Weise: Er beruft sich dazu kühn auf eine göttliche Eingebung und verkündet den bereits im zweiten christlichen Jahr-hundert verweltlichten Stadtchristen die Möglichkeit einer zweiten Busse. Aus Barmherzigkeit gegen seine schwachen Geschöpfe hat Gott sie gewährt.

> Ich habe gehört, dass es keine andere Busse gebe als die von damals, als wir ins Wasser hinabgestiegen sind und Vergebung für unsere früheren Sünden emp-fangen haben. So verhält es sich auch; aber der Herr wusste um die Schwachheit der Menschen, da erbarmte sich der Herr, der Barmherzige, seines Geschöpfes und setzte diese (zweite) Busse fest. (Hirte des Hermas, ca. 140)

Das Wort, das der Verfasser des Hirten des Hermas mit zahlreichen Stellen aus dem Neuen Testament und gewiss nicht im Gegensatz zu dessen «Geist» begründen könnte, eröffnet in einer ausweglosen Situation neue Wege: Den reichen, ins Stadtleben verflochtenen Christen wird die Möglichkeit der Umkehr und der Wiedereingliederung in die Gemeinde angeboten. Damit ergibt sich auch wieder eine Möglichkeit für die Solidarität zwischen Arm und Reich. Und auch für das Gemeindeleben in der Stadt nach dieser zweiten Busse wird im «Hirten des Hermas» gesorgt: Er verlangt von den städtischen Christen nicht, in Zukunft alle Handelsgeschäfte aufzugeben, sofern sie sich auf ein Geschäft konzentrieren und beschränken. So konnten sie einerseits weiterhin am Wirtschaftsleben der Stadt teilnehmen, zu ihm beitragen und von ihm profitieren – und ihren Gewinn mit den Armen teilen. Ein vollständiger Rückzug aus den weltlichen Geschäften ist nicht (mehr) gefordert. Zugleich sollen aber die Stadtchristen vor Zerstreuung und Identitätsverlust und damit vor einer abermaligen Entfremdung von ihrer Gemeinde bewahrt werden, indem die Verstrickung in das weltliche Geschäftsleben gleichsam in kontrollierter Weise erfolgen soll. Der Kompromisscharakter dieser Lösung ist offensichtlich. Sie bietet der Kritik «radikaler» Christen eine offene Angriffsflanke: Ist es der Kompromiss aller Christen im Wirtschaftsleben der Stadt?

Über die Situation und Probleme der christlichen Gemeinde in einer antiken Grossstadt unterrichten uns ein Vierteljahrtausend später die Zeugnisse des wohl berühmtesten Predigers der Alten Kirche im städtischen Milieu: *Johannes Chrysostomos*. Er wirkte zunächst in Antiochien, dann in Konstantinopel inmitten sozialer Konflikte und kirchlichen und politischen Wirren, sodass sich das Stadtchristentum seiner Zeit in seiner Biographie spiegelt. Bewusst hat er seine Aufgabe als Verkündiger des Evangeliums in der Stadt und für die Stadt wahrzunehmen versucht. Er hat sich damit gegen eine verbreitete Meinung gestellt, nach welcher ein wahres Christentum nur als «koinobitisches» Christentum gelebt werden konnte, also in einer reinen Gemeinschaft wahrer Christen, die zurückgezogen in den Bergen lebte und ihre Zeit in gemeinsamem Bibelstudium und Gotteslob verbrachte, oder gar mit einem «eremitischen» Rückzug aus der Welt in die Einsamkeit einer Waldhöhle. Chrysostomos selbst hatte beide Lebensformen selber praktiziert, bevor er einen Ruf zur Arbeit in der Stadt angenommen hatte. Mit Leidenschaft vertrat er nun ein «urbanes» Christentum. Dort, inmitten der Geschäftigkeit der Welt sollen die Christen ihren Auftrag erfüllen. Lot und seine Familie in Sodom, einer Stadt ohne Gott und Moral (Gen 19), dienten hier als Vorbild.

Wo sind nun, die da behaupten, es bedürfe des Rückzuges aus der Welt, wenn man an einem tugendhaften Lebenswandel festhalten will, während es für den, der einem Haus vorsteht, eine Frau habe und sich um Kinder und Gesinde kümmern müsse, unmöglich sei, tugendhaft zu sein. Sollen sie sich doch diesen Gerechten vor Augen halten, wie er samt Frau, Kindern und Gesinde inmitten einer Stadt lebt, sich unter einer Menge böser und gesetzeswidrig lebender Menschen aufhält und wie ein Lichtfunke inmitten eines Meeres leuchtet und doch nicht verlischt. Ich sage das nicht, als wollte ich den Rückzug aus der Welt unterbinden und den Aufenthalt auf den Bergen und in den Wüsten untersagen; ich will nur deutlich machen, dass dem, der nüchtern und wachsam sein will, nichts von alledem, weder Ehe noch tätiges Leben inmitten der Welt ein Tugendhindernis bildet. Darum wünschte ich auch, es möchten gerade die Tugendhaften inmitten der Städte leben, um dort für die andern gleichsam zum Sauerteig zu werden. (Johannes Chrysostomos, 349–407)

Entsprechend eng verknüpft waren sein Leben und seine Verkündigung mit den sozialen Verhältnissen und politischen Ereignissen dieser Grossstädte. In Antiochien, einer Stadt, in welcher sich Reichtum und Armut in krasser Weise gegenüberstanden, machte Chrysostomos mit lauter Stimme auf soziale Missstände aufmerksam und prangerte diejenigen an, die von ihren Ländereien lebten oder gar sich die Not der Armen zunutze machten. Und dies in einer Metropole, die zu den ersten Städten gehört hatte, in denen Christen lebten (Apg 11,26): «Nicht weil ihr eure Hände zum Gebet ausstreckt, werdet ihr gehört werden. Streckt eure Hände nicht aus zum Himmel, sondern zu den Armen!» In Antiochien bildeten die Christen gut die Hälfte der Einwohnerschaft, wobei es neben den «katholischen» Christen auch andere Gruppierungen gab. Juden machten etwa einen Siebtel der Einwohnerschaft aus, während ein Drittel den «Heiden» zuzurechnen waren.

Im Jahre 397 wurde Chrysostomos ins Bischofsamt berufen und wirkte fortan in der Reichshauptstadt Konstantinopel. Auch Konstantinopel war eine Grossstadt, die offiziell als christliche Stadt galt. Nun allerdings wurde Chrysostomos stärker als zuvor mit Machtkonflikten und politischen Intrigen konfrontiert. Und nicht weniger mit typischen Seiten eines Volkschristentums. Als einerseits populärer Prediger kämpfte er nicht immer mit Erfolg gegen weltliche Konkurrenz für das Christentum, etwa in Form von Volkstheatern und Pferderennen, die ihm gar am Karfreitag das Publikum streitig machten. Mit der geschickten Organisation der kirchlichen Finanzen und der Einrichtung nicht nur eines speziellen Hauses für Leprakranke, sondern von Häusern für ganz bestimmte Bedürftige, für Kranke, für Alte, für Reisende und für Waisen, setzte er zukunftsweisende neue Massstäbe der organisierten christlichen Diakonie. Verbannung und die Verstrickung in machtpolitische Ränkespiele blieben ihm als Bischof der Reichshauptstadt schliesslich nicht erspart. Das Zeitalter der komplizierten

Verzahnung von Christentum und politischer Macht hatte begonnen, das war der Preis seines eindrücklichen kulturellen Erfolges.

Die christliche Stadt zwischen Anspruch und Wirklichkeit

Einen Höhepunkt seiner offiziellen kulturellen Macht erreichte das Christentum bekanntlich im «christlichen» Mittelalter. Parallel dazu begann im Hohen Mittelalter auch der wirtschaftliche und politische Aufstieg der Städte. Damit tritt nun auch Zürich, zusammen mit anderen «christlichen» Städten im «schweizerisch»–oberdeutschen Raum in unser Blickfeld. Sie wurden zu «Lebenszentren» des mitteleuropäischen Christentums, und damit zugleich zu Orten seiner besonderen Gefährdung – und seiner Erneuerung.

Die mittelalterliche Stadt war in Europa selbstverständlich eine christliche Stadt, garantierte das Christentum doch für den Wertekonsens als rechtliche und kulturelle Basis des menschlichen Zusammenlebens. So waren seine Amtsträger und Funktionäre zugleich gesamtgesellschaftliche Autoritäten, Träger von Würde und Macht gleichermassen. Das eröffnete Chancen, und es verursachte Probleme. Wenn die gesamte Kultur «christlich» ist, lässt der Ruf nach einer internen «Reinigung» nicht lange auf sich warten – und dies wohl kaum stets ohne Berechtigung. So verwundert es wenig, dass die Zurückführung des Christentums in seine wahre Gestalt, der Weg heraus aus der Symbiose von Christentum und politisch-gesellschaftlicher Macht hin zum wahren, reinen, gelebten Geist des Christentums ein Problem war, welches das gesamte mittelalterliche Christentum beschäftigte. Daraus entstand eine bunte Vielfalt von entsprechenden Versuchen und Initiativen. Was in der Rückschau als durch und durch christliches, wertestabiles Zeitalter erscheinen mag, war eine sehr bewegte Periode der vielfältigen Erneuerungsbestrebungen, die das Ziel verfolgten, das wohlaufgerichtete Gehäuse des Christentums wieder mit wahrem christlichem Geist zu beleben. Einerseits sind hier Wege zu nennen, die gleichsam nach innen gerichtet waren: Ihr Ziel war die Erneuerung der klösterlichen Gemeinschaften und ihres geistlichen Lebens oder auch die Suche nach einer «mystischen» Vertiefung des individuellen Glaubens. Auf der anderen Seite gab es zahlreiche Bestrebungen, die sich ausdrücklich nach aussen richteten und sich die Förderung des christlichen Glaubens und des christlichen Lebens unter der oft wenig mehr als nominell christlichen Bevölkerung zum Ziel gesetzt hatten.

Erinnert sei hier an die Zeit der «Bettelorden». Während in Zürich, wie in anderen Städten, der «Weltklerus» und das am Grossmünster beheimateten Augustiner-Chorherrenstift schon längst in enger Weise mit der städtischen Nobilität verflochten waren, brachten die im 13. Jahrhundert einwandernden Franziskaner und Dominikaner neue Impulse für ein wahrhaft gelebtes Christentum in die Stadt. Sie verbanden glaubwürdig gelebte, ernsthafte Frömmigkeit mit Volkstümlichkeit und gewannen die Sympathien grosser Teile der Stadtbevölkerung für sich, wie aus Klageschriften des Weltklerus über das Auftreten dieser Unruhestifter hervorgeht. Religiöse Vielfalt auf engem Raum, und damit auch eine Art von kirchlichem Wettbewerb gab es also bereits in der Zeit der Hochblüte der christlichen Einheitskultur.

Anders als ältere Orden hatten sich die Bettelorden nicht der Absonderung von der Welt verpflichtet, sondern im Gegenteil der Zuwendung zu ihr, um sie mit der christlichen Botschaft zu durchdringen. Während die traditionellen Orden indirekt durch Schrifttum und Unterricht auf die ausserhalb der Klostermauern liegende Welt Einfluss nahmen, begaben die Bettelorden sich nun mitten in diese hinein.

Schon Franz von Assisi, auf den der Franziskanerorden zurückgeht, erzielte seine Wirkung als städtischer Volksprediger. Seine Bewegung fand ihre ersten Anhänger und Niederlassungen in den Städten. Durch das Vorbild eines Lebens in Armut, das als entscheidender Charakterzug eines wahrhaft christlichen Lebens angesehen wurde, erhielt die «franziskanische» Verkündigung ihre Überzeugungs- und Anziehungskraft und wurde so zu einer «stadtmissionarischen» Bewegung. Vom Predigerorden, später Dominikanerorden genannt, ist ähnliches zu sagen. Die Bettelorden des 13. Jahrhunderts lebten von der Spannung eines radikal gelebten Christentums inmitten des pulsierenden weltlich-städtischen Lebens, längst berüchtigt als Orte der Unmoral, der Korruption und der widerrechtlichen Bereicherung.

Dass ihre Angehörigen weder mit der städtischen Nobilität verwandt noch in das Lehenswesen verstrickt waren, verschaffte ihnen die nötige Freiheit. Die Dichte an kirchlichen Bauten, wie sie das Stadtbild Zürichs immer noch prägen, dokumentiert also keineswegs einfach eine intensive und stabile Religiosität der mittelalterlichen Stadt. Eher sind die Kirchengebäude als versteinerte Monumente christlicher Erneuerungsbewegungen anzusehen, wie sie über die Jahrhunderte verteilt auch in Zürich auftraten, und wie sie gelegentlich unterhalb des einen Daches des abendländischen Christentums auch in Konkurrenz zueinander standen. So geht die Zürcher Predigerkirche auf den etwa seit 1230 in Zürich tätigen Dominikanerorden zurück, während sich das Barfüsserkloster, auf dessen Fundamenten das heutige Obergericht steht, dem wenige Jahre später in Zürich Sitz nehmenden Franziskanern verdankt. Das Oetenbacher Dominikanerinnenkloster existiert nur noch als Strassenname, und die Spuren der «Beginen», der kommunitär lebenden Frauengemeinschaften, die, oft unter den argwöhnischen Augen der «offiziellen» Kirche, in «gewöhnlichen» Unterkünften lebten, einem Gewerbe nachgingen und zugleich diakonisch tätig waren, sind weitgehend verwischt.

Der Erfolg dieser Bettelorden und Kommunitäten beruhte nicht unwesentlich auf ihrer Volksnähe. Im Unterschied zu der Stadtgeistlichkeit hielten sich die Prediger- und Franziskanermönche in ihren Predigten nicht an die althergebrachte Form der Homilie, sondern praktizierten die Themenpredigt. Damit konnten sie sehr viel flexibler auf die Bevölkerung eingehen und sich die Rhetorik zunutze machen. Berühmt sind etwa die Predigten des Franziskaners Berthold von Regensburg.

Wer unserem Herrn wirklich entgegengehen will, der soll vier Blumen mit sich tragen:
Die erste Blume [ist die Myrrhe], das ist die Reue, die in Beichte und Busse besteht.
Die zweite Blume ist die Lilie, das ist die Liebe, die man zu Gott haben soll, wie David spricht: «Gott behütet alle, die ihn lieb haben» (Ps 145,20).
Die dritte Blume ist die Blüte des Weinstocks, nämlich das andächtige Gebet. Wenn der Weingarten blüht, muss der giftige Wurm sterben, so treibt das Gebet die Sünden der Menschen aus.
Die vierte Blume ist der Palmbaum, der zeigt, dass der Mensch bis ans Lebensende darin immer stärker wachsen soll. (Berthold von Regensburg (um 1210–1272), Palmsonntagspredigt zu Joh 12,13)

Andererseits standen gerade die Bettelorden, die von Spenden und Zuwendungen lebten, in der Gefahr, von ihren Geldgebern abhängig zu werden. Eine wirtschaftliche und dann auch politische Verflechtung mit bestimmten Eliten der Stadt war die langfristige Folge. Ebenso blieben beim Versuch, inmitten einer Stadt mit ihren Verlockungen und Verflechtungen ein nach ganz anderen Regeln funktionierendes, wahrhaft christliches Leben zu führen, Probleme nicht aus. Insbesondere der Armutsgedanke konnte auf die Dauer nicht im Sinne der Ordensgründer weiterpraktiziert werden, und mit dem Gewinn an gesellschaftlichem Ansehen nahm die Gefährdung ihres geistlichen Ursprungsanliegens zu.

Nicht erst von den Reformatoren des 16. Jahrhunderts, sondern bereits im späten Mittelalter wurde dies deutlich erkannt und vielfältig thematisiert. Die Reformbewegungen bedurften zunehmend selber der Reform, um die Spannung zu erhalten, um die es ihnen ursprünglich gegangen war. So richtete sich etwa die prophetische Busspredigt des Strassburger Münsterpredigers Johannes Geiler von Kaysersberg sowohl an den städtischen Klerus als auch an die Ordensangehörigen. Geistliche Erneuerung der Stadt hatte nach ihm mit der geistlichen Erneuerung des Klerus zu beginnen.

Wir setzen unsre Sache auf äusserliche Dinge und orientieren uns an der Habsucht und nicht an der Wahrheit, nicht am tun, sondern am Ton, am Getöne, mehr am Verdecken als an Werken. Wir singen viel, wachen viel, fasten und beten viel, tragen einfache und rauhe Kleider, hören viele Messen, tragen kurze Haare und schmucklose Schuhe, reden klein und ohnmächtig, und überall erscheint Jesus – aber nicht im Kopf, im Herzen, in den Händen. Jesus ist in den Worten, aber nicht in Wahrheit. (Johannes Geiler von Kaysersberg, gest. 1510)

Die Stadt als Zentrum des «reformierten» Christentums

Auch der Reformation ging es um die geistliche Erneuerung des Christentums, und besonders die «reformierte» Reformation, die ihre Anfänge in der Zürcher Reformation von 1523 nahm, war im Kern eine Angelegenheit des urbanen Christentums. Sie begann in der christlichen Stadt und breitete sich europaweit mittels verschiedener «Städtereformationen» aus. Für Huldrych Zwingli, der als «Leutpriester», als Prediger und Seelsorger für die Stadtbevölkerung nach Zürich geholt worden war, war die Reformation eine Wiederherstellung des degenerierten Christentums nach dem Massstab des ursprünglichen göttlichen Wortes. Luthers reformatorische Einsicht und Überzeugung, dass wir Menschen allein aus Gnade, nicht aufgrund unserer guten oder frommen Werke vor Gott gerecht werden, teilte Zwingli ohne Abstriche. Im Unterschied zu Luther, der sich insbesondere auf dieses Verhältnis des einzelnen Menschen zu Gott konzentrierte, hatte Zwingli zugleich immer schon die menschliche Gesellschaft im Auge. Er fragte somit nach den Auswirkungen der reformatorischen Christusbotschaft für die Gestaltung des menschlichen Lebens. Die durchgängig humanistisch gebildeten Reformatorenkollegen und Mitstreiter Zwinglis im oberdeutschen Raum, etwa Johannes Oekolampad in Basel, Martin Bucer in Strassburg, sein Nachfolger Heinrich Bullinger in Zürich, aber auch Johannes Calvin in Genf, sind ihm in dieser Sache gefolgt. Zwinglis Reformation war als zutiefst auf Christus bezogene «religiöse» Reformation immer auch eine «soziale» und «politische» Reformation. Und sie fing bei der Reformation des christlichen Stadtstaates Zürich an. So sind für Zwingli wahrer Christusglaube und Solidarität mit den Mitbewohnerinnen und -bewohnern des Stadtstaates untrennbar miteinander verbunden. Sie sind es so sehr, dass nach ihm die Ausrichtung der christlichen Botschaft nicht mehr von einem abgehobenen, durch Kleidung und Würde sichtbar gemachten geistlichen «Stand» aus erfolgen sollte, sondern sozusagen von gleich zu gleich zu geschehen hat. Reformierte Verkündigung hat nichts auszuteilen, sondern kann nur ein Mit-Teilen im gemeinsamen Hören auf das göttliche Wort sein. Dabei gehören Wort und Tat zusammen.

Wer sich von seinem Bruder durch religiöse Zeichen oder Kleidung unterscheiden will, ist ein Heuchler; denn wir haben einen anderen Weg ... Christus lehrt uns, dass wir einander in Demut übertreffen sollen ... Wenn wir alle Menschen lieben wie uns selbst, das Wort des Heils gewissenhaft predigen, uns die Not aller Menschen angelegen sein lassen und ihnen nach all unseren Kräften zu Hilfe kommen, so wird man uns gewiss kennenlernen ... und es bedarf keines äusserlichen Zeichens. (Huldrych Zwingli, 1484–1531)

Zwingli und nach ihm alle «reformierten» Reformatoren haben so stets grossen Wert auf die Folgen der Reformation für das menschliche Zusammenleben gelegt. Einerseits ging es darum, das Leben von allen menschlichen religiösen Satzungen und Lasten zu befreien. Christus hat uns «durch seinen Tod von allen Sünden und allen Lasten frei gemacht», und «so sind wir durch den Glauben von allen von Menschen erdachten Zeremonien und Sonderleistungen erlöst». Damit sollen nun aber «alle Dinge zu Gottes Ehre geschehen. Auch das Alltägliche wie essen und trinken, arbeiten, Handel treiben, Eheleben». Das «alltägliche» menschliche Zusammenleben in der Stadt wird so zum Gottesdienst erklärt. Das konkrete soziale Leben wird zu einem Tun, das weder religiös indifferent ist noch als Feld zum Erwerb religiöser Verdienste angesehen werden darf. Vielmehr erhält es seine Motivation und Gestalt aus dem Dank für das geschenkte göttliche Heil. An die Stelle einer religiösen Leistung tritt ein Sich-hineinnehmen-Lassen in Gottes Dienst am Menschen. Die mittelalterliche Gesellschaft, in ihrer Unterscheidung und zugleich eigentümlich engen Verzahnung von religiösen und weltlichen Handlungen und Geschäften, wird aufgelöst, und die Unterscheidung zwischen besonderen «religiösen» und allgemeinen «weltlichen» Handlungen, Berufen und Örtlichkeiten aufgehoben. Damit wird aber nicht nur das gesamte Leben und Zusammenleben in der Stadt von religiösen Lasten befreit, es wird zugleich mit neuer Energie und gleichsam flächendeckend für den Geist des Christentums in Anspruch genommen. Die Grundspannung des städtischen Christentums bleibt erhalten, ja sie wird in neuer Weise aufgebaut. Das reformierte Christentum widersetzt sich nun erst recht einer falschen Auflösung nach links oder nach rechts. Allerdings: Der mittelalterliche Gedanke des «Corpus Christianum», der selbstverständlichen Einheit von Christentum und Kultur als Grundlage der gesamten Gesellschaft wurde von Zwingli und dem Zürcher Rat, wie von allen Reformatoren, nicht in Frage gestellt, sondern bei ihrer Arbeit vorausgesetzt.

Entsprechend mündete der Versuch der Reformation, das Christentum von seinem Kern her, aus der Christusbotschaft heraus zu erneuern, in eine von der christlichen Obrigkeit in Angriff genommene Neuregelung des kirchlichen Lebens. So schaffte der Zürcher Rat die Messe ab und ersetzte sie durch eine evangelische Gottesdienstordnung. Auch wurde das Betteln verboten und stattdessen eine Almosenordnung geschaffen. Der Zinssatz wurde auf 5% festgesetzt und damit der städtische Handel auf Menschenverträglichkeit geeicht, eine Eheordnung wurde erlassen und entsprechende Instanzen zur Schlichtung von Streitigkeiten und zur Eindämmung öffentlicher Vergehen wurden eingerichtet. Die Synode als gemeinschaftliches kirchliches Entscheidungsorgan wurde auf Zwinglis Anregung hin wiederbelebt, und es wurde eine Synodalordnung erlassen, die das kirchliche Leben regeln sollte. Die Umnutzung der kirchlichen Gebäude hat Symbolwert: Das Augustinerkloster wurde zum Sitz des Ehegerichts und später des Almosenamts, das Kloster Oetenbach diente als Kornamt der städtischen Nahrungsmittelversorgung und später als Waisenhaus, und im Chor des Grossmünsters fand nun statt des lateinischen Chorgesangs die «Prophezei» statt, das gemeinschaftliche Studium der Bibel in den biblischen Ursprachen (die Urzelle der Zürcher Universität). Als «Säkularisierungen» haben höchstens Zwinglis katholische Gegner diese Massnahmen bezeichnet. Für Zwingli und die Befürworter der Reformation war es genau deren Gegenteil. Alle Bewohnerinnen und Bewohner des Zürcher Stadtstaates sollten das befreiende und belebende göttliche Wort hören und verstehen lernen, ein Wort, das immer auch Solidarität weckt und sich auch für das bürgerliche und für das wirtschaftliche Zusammenleben als gestaltungskräftig erweist. Die christliche Stadt wird so gemäss dem Bild des Paulus als vielgestaltiger, aber doch einheitlicher «Leib Christi» verstanden. Zwingli formuliert den Gedanken bereits im Blick auf die Erziehung der Jugendlichen. Ein Jugendlicher soll «von Kindheit an einzig an die Gerechtigkeit, den Glauben und die Standhaftigkeit denken, mit denen er dem christlichen Staat und allen im Einzelnen wird nützen können. Schwach sind die Seelen, die einzig darauf achten, dass ihnen ein ruhiges Leben zukomme. Wenn anderen Glück zuteilwird, soll er glauben, es sei ihm geschehen, und ebenso beim Unglück. Denn er wird den Staat für eine Einheit halten wie ein Haus oder eine Familie, ja für einen einzigen Körper, in welchem sich die Glieder untereinander zugleich freuen, trauern und sich gegenseitig helfen, sodass alles, was immer einem geschieht, allen geschieht» (vgl. 1Kor 12,26).

Besonders in der von Johannes Calvin massgeblich geprägten Genfer Stadtreformation bildete dann dieser Leib-Christi-Gedanke das verborgene Zentrum der kirchlichen Umgestaltung. Für Calvin kam er in sichtbarer, symbolisch verdichteter Gestalt in der Feier des Abendmahls zum Ausdruck. Gerade deshalb trat für ihn dieses so sehr in den Mittelpunkt seiner kirchlichen Bemühungen. Im gemeinsamen Bekennen, in der Lebensführung und in der Feier des Abendmahls sollte die christliche Gemeinde die Eckpfeiler ihres Lebens haben. Dabei bemühte sich Calvin einerseits mit aller Kraft darum, dass die Regeln und Massstäbe der Kirche und ihres «geistlichen» Lebens dem göttlichen Wort entsprechend gestaltet wurden. Sie durften nicht einfach von der bürgerlichen Gesetzgebung vereinnahmt werden. Das «Konsistorium», der Genfer Ältestenrat, sollte deshalb eine von politischen Einflüssen möglichst unabhängige Instanz sein. Wenn man es später als Behörde einer christlichen «Sittenzucht» tituliert hat, hat man sein Wesen mit Bestimmtheit verfehlt. Ziel des Konsistoriums war es, gestörte zwischenmenschliche Beziehungen unter Christen, etwa in einer Nachbarschaft, unter Geschäftspartnern oder in einer Ehe und Familie, wieder zu heilen, zur Versöhnung zu mahnen und diese Prozesse zu unterstützen. Die Wochen vor dem vierteljährlichen Abendmahl waren zudem jeweils besondere Zeiten der Versöhnung: Versöhnungsbesuche, Versöhnungsessen und kirchliche Versöhnungszeremonien fanden dann jeweils in Genf statt. Das gesamte städtische Leben sollte vom heilsamen Evangelium durchdrungen und geprägt werden.

> Alle von Gott Erwählten sind derart in Christus vereint und verbunden, dass sie von einem Haupt abhängen und unter sich auf dieselbe Weise zusammenhangen wie die Glieder eines Leibes, dass, wenn einer unter ihnen eine Gabe empfängt, alle in bestimmter Weise daran teilhaben. Wenn wir also in rechter Weise Nächstenliebe üben und nicht untätig sind, sondern sich jeder bemüht, denen Gutes zu tun, die mit ihm verbunden sind, dann ist dies ein Dienst, der vor Gott angenehm ist. (Johannes Calvin, 1509–1564)

Auch die Reformation, wie sie sich von Genf aus nach Frankreich verbreitete, war zunächst ein durchaus städtisches Phänomen. Es waren wichtige Städte in Frankreich, in denen sich erste protestantische Gemeinden bildeten. In ihnen fand sich das intellektuelle Milieu des Humanismus, das für das Auf- und Übernehmen evangelischer Gedanken aufgeschlossen war. Hier konnte man sich treffen und diskutieren, hier waren die neuesten Bücher erhältlich, hier konnte man in Privathäusern zu Gottesdiensten zusammenkommen. Und zugleich bildeten die politischen Strukturen der Städte ein geeignetes Klima für die Aufnahme des reformierten Gedankenguts, besonders seiner Lehre von der Kirche: Während die ländlichen Gebiete von einem in der Regel abwesenden bürgerlich-adligen oder kirchlichen Landesherrn regiert wurden, herrschte hier eine mehr oder weniger ausgeprägte kommunale Selbstverwaltung. Mit einem zeitlich begrenzten Mandat versehene Räte, Kommissionen oder Zünfte bemühten sich in den Städten um einen Ausgleich verschiedener lokaler und ständischer Interessen, ein geeignetes Klima für eine presbyteriale und synodale Kirchenstruktur, wie sie die zwinglisch-oberdeutsche und dann die calvinische Reformation vertrat.

Die Stadt als Ort der christlichen Sozietäten und Initiativen

Hatte die Reformation zunächst noch am Gedanken des einen, homogenen «christlichen Abendlandes» festgehalten, so wurden im folgenden Jahrhundert die Risse in diesem komplexen Gebäude zunehmend sichtbar. Bereits gegen Ende des 17. Jahrhunderts begann das feste Gefüge von Christentum, Kultur und politischer Macht langsam aber unaufhaltsam ins Wanken zu geraten. Die enge Verbindung von politischer Macht und Christentum lockerte sich, und das christliche Deutemonopol in Hinblick auf die gesellschaftliche Wirklichkeit ging zunehmend verloren. Aus den immanenten Erneuerungsbewegungen einer christlichen Einheitswelt wurden allmählich christliche Bewegungen und Vereinigungen, die sich in einer zunehmend pluralistischen Gesellschaft und Stadt behaupten und dort ihre Aufgabe finden mussten. Langsam musste die christliche Gemeinde wieder lernen, auf eigenen Beinen zu stehen. Damit erhielt sie aber auch wieder mehr Freiheit, die ihr aufgegebene Spannung in eigener Weise zu gestalten. Die Initiative ging dabei zunehmend nicht mehr von der althergebrachten «Amtskirche» aus, sondern von Einzelnen, vor allem aber von Gruppen, die sich als «Sozietäten» verstanden und mit einem bestimmten Auftrag in die Gesellschaft hinein wirken wollten.

Auch in dieser langen Umbruchszeit, wie sie im späten 17. Jahrhundert begann und bis ins 19. Jahrhundert reichte, spielte das städtische Christentum eine zentrale Rolle. So wirkte der lutherische «Vater» des Pietismus, *Philipp Jakob Spener,* zunächst am Strassburger Münster, bis er als Pfarrer in der freien Reichsstadt Frankfurt 1675 seine berühmte *«Pia Desideria oder Herzliches Verlangen nach gottgefälliger Besserung der wahren evangelischen Kirche»* in Druck gab. Bereits einige Jahre früher, 1670, hatten die Zusammenkünfte im «Collegium pietatis» begonnen, einem «Hauskreis», der sich regelmässig zum Bibelstudium und zur gegenseitigen Erbauung traf. Indirekt angeregt war es durch den französischen Reformierten *Jean de Labadie* (1610–1674). Im Unterschied zu diesem konnte Spener aber eine Separation seiner «Hauskreise» von der Kirche verhindern. Für diese «geistliche Erneuerung» des Christentums spielte das urbane Milieu eine wichtige Rolle. Die «Collegia pietatis» setzten regelmässige Zusammenkünfte und eine enge Gemeinschaft voraus. Zwar ging der Prozess der «Besserung» nach Spener den Weg über den jeweils Einzelnen. Hier galt es, in Weiterführung der Reformation, das «geistliche Priestertum», die christlich–religiöse Kompetenz jedes einzelnen Christen und jeder einzelnen Christin zu fördern. Ziel aber war entschieden die Erneuerung der irdischen, realen Kirche und durch sie der Gesellschaft. An Rückzug aus den Städten war nicht gedacht. Mit der Öffnung dieser Zirkel auch für Nichtakademiker und für Frauen, mit betonter Förderung der Bibellektüre nicht nur des «Hausvaters», sondern aller, und mit seinen sozial-karitativen Bestrebungen steht Spener auf dem Kontinent am Anfang vielfacher «Sozietätenbewegungen» pietistischer, aber auch anderer Art in städtischen Räumen.

> Vorschläge, durch welche dem verderbten Zustande der evangelischen Kirche abzuhelfen sei:
> Das Wort Gottes reichlicher unter uns zu bringen
> Die Aufrichtung und fleissige Übung des geistlichen Priestertums
> Den Leuten fleissig einzubilden, das Christentum bestehe nicht im Wissen, sondern in der Tat. (Philipp Jakob Spener, 1635–1705)

Während auch die Erneuerungsbestrebungen des deutschen Pietismus zunächst noch die christliche Einheitskultur voraussetzten, wurde zunehmend erkannt, dass eine solche gerade in den wachsenden Städten nicht mehr einfach gegeben war. So setzte die 1698 in London gegründete anglikanische Gesellschaft für die Propaganda des christlichen Wissens nicht bei der Erneuerung des Pfarrerstandes an, sondern richtete sich mit dem Druck und der weiten Verteilung von christlicher Literatur und Traktaten an breitere, der Kirche bereits erheblich entfremdete Bevölkerungsschichten. Ziel war die Förderung einer christlichen Lebensführung und eines elementaren Glaubenswissens. Das Bemühen um die Verbesserung der Kindererziehung, die Förderung des Schulunterrichts und überhaupt der Alphabetisierung waren dabei integrale Bestandteile.

Ähnliche Ziele verfolgte die 1780 von Pfarrer Johann August Urlsperger in Basel gegründete Deutsche Christentumsgesellschaft. Sie nährte sich aus einem pietistischen Geist, strebte aber ins Offene und machte sich zur Aufgabe, ein persönliches, konfessionsübergreifendes praktisches Christentum zu fördern und in die Städte zu tragen. Sie wurde damit zu einer Urgestalt einer christlich-«stadtmissionarischen» Gesellschaft, die auch auf diakonischem und sozialem Gebiet tätig wurde.

> Sollte nicht ein zur Erhaltung jeder guten Absichten taugliches Zentrum errichtet werden, das sich mit der allerhöchsten Weisheit beschäftigte, die wir in der göttlichen Offenbarung finden, um aus derselben und durch dieselbe Licht und Glückseligkeit auf die Menschen auf das Möglichste zu verbreiten? (Johann August Urlsperger, 1728–1806)

Neben Pietismus und Erweckungsbewegung war auch die «Aufklärung» des 18. Jahrhunderts eine Bewegung der christlichen Sozietäten. Zumindest in ihrem Hauptstrom war sie der Versuch, das wahre, vor allem in der praktischen ethischen Lebensführung bestehende Christentum zu fördern: ein Christentum,

das von theologischen Leerformeln, aber auch von als abergläubisch oder un-
zeitgemäss angesehenen Vorstellungen gereinigt war. Und hier war es erst recht
die städtische Gesellschaft, welche die wichtigste Basis auch dieser Bewegung
bildete. Wichtige Träger des Aufklärungsgedankens waren die Pfarrer. Im Wesentlichen war die deutschsprachige Aufklärung ja eine «fromme» Aufklärung,
die bei aller verbalen Abgrenzung gegen «fromme Schwärmerei» Kernanliegen
des «Pietismus» übernahm und weiterführte. Dazu gehörten auch der Gedanke
und die Praxis der Sozietäten, Zusammenschlüssen in Form von Diskussions-
und Lesekreisen, aber auch im Dienst der Erneuerung der Gesellschaft. Zwischen
1679 und 1798 wurden in der protestantischen Schweiz hundertzwanzig «ge-
lehrte», «gemeinnützige» oder «Lese»-Gesellschaften gegründet, allein dreissig
davon bestanden in der Stadt Zürich. Hinreichenden Gesprächsstoff lieferten
dabei die periodisch erscheinenden Kommunikationsmedien wie moralische
Wochenschriften und Mitteilungsblätter. Sie schossen wie Pilze aus der Erde.
Diese «gemeinnützigen» Gesellschaften konzentrierten sich auf die praktische
Tätigkeit. Sie traten etwa zur Verbesserung des Gewerbes ein, zur Bekämpfung
der Armut oder zur Förderung der Jugendbildung. Sie verstanden sich dabei
als durch und durch christlich motiviert. Denn als «Christ und Bürger» war man
verpflichtet, «Gutes zu tun» und das Reich Gottes auf der Erde seinem Ziel
näher zu bringen, wie etwa der Berliner Aufklärungstheologe Johann Joachim
Spalding, dessen Schriften in Schweizer Pfarrhäusern gern gelesen wurden,
formulieren konnte.

> Die Religion ist Tugend um Gottes Willen. Rechtschaffene Gesinnung und recht-
> schaffenes Verhalten aus der Erkenntnis der Abhängigkeit von Gott ... so ist es
> nötig, dass wir ... die Religion auch zu einer Führerin des wirklichen gewöhnlichen
> Lebens machen, dass wir sie gleichsam in die Häuser, in den Umgang, in das
> tägliche Gewerbe der Menschen herabbringen, und diese lehren, ihr Christentum
> mit den Pflichten des Berufs und ihrer verschiedenen Verbindungen auf Erden
> zusammen zu knüpfen. (Johann Joachim Spalding, 1714–1804)

Mit den politischen Umbrüchen und den sozialen Veränderungen durch die
rasant zunehmende Industrialisierung, wie sie das 19. Jahrhundert mit sich
brachte, änderte sich die Herausforderung für die christliche Gemeinde in der
Stadt erneut. Die Stadtbevölkerungen wuchsen beständig an, ohne dass die
sozialen und politischen Rahmenbedingungen dafür bestanden. Das dabei
entstehende soziale Elend, das Problem des «Pauperismus», wie es genannt
wurde, wurde unterschiedlich angegangen. Zunächst auf der Ebene konkreter
Nothilfe. Am bekanntesten ist zweifellos die aus dem Methodismus heraus-
gewachsene Bewegung der Heilsarmee. Das soziale und moralische Elend im

Gefolge der englischen Frühindustrialisierung im Londoner Eastend veranlasste 1865 den methodistischen Pfarrer William Booth zur Gründung einer aus Freiwilligen bestehenden «Erweckungsgesellschaft», welche sich die Verbindung von Verkündigung und elementarer Sozialhilfe für die untersten Schichten der Stadtbevölkerung zur Aufgabe machte. Auch in Schweizer Städten ist sie immer noch Ansprechpartnerin in Fällen, in denen die Mittel der Stadtpolizei nicht ausreichen. Aber auch zahlreiche andere Initiativen aus christlichem Geist bemühten sich seit dem 19. Jahrhundert etwa um die Förderung der Bildung und die Bekämpfung des Alkoholismus. Zunehmend wurde aber auch erkannt, dass es bei konkreter, aber punktueller christlicher Einzelhilfe nicht sein Bewenden haben durfte, solange etwa das Problem der Arbeitszeiten und Arbeitsbedingungen, das Problem der Kinderarbeit und das der Rechte der Arbeiterschaft nicht grundsätzlich geregelt waren. Das Recht der Kinder, die Schule zu besuchen, anstatt in der Fabrik arbeiten zu müssen, das Recht auch der Arbeiterschaft auf den Sonntag als Ruhetag waren christliche Kernanliegen, aus denen sich weitere soziale Forderungen ergaben. Es waren nicht zuletzt Initiativen von christlich-«liberaler» Seite und eine mit dem städtischen Milieu vertraute Pfarrerschaft, die sich dieser mit der Industrialisierung dringlich gewordenen «sozialen Frage» stellten. Gebündelt wurden diese Anliegen schliesslich in der «religiös-sozialen» Bewegung, die durch die Impulse von Leonhard Ragaz klare Gestalt annahm. Das Christentum wurde hier wieder zu einem kritischen Gegenüber. Das änderte am Spannungsfeld, in welchem sich die christliche Gemeinde aller Zeiten zu bewähren hat, wenig, es diente aber zu dessen Klärung.

Umkehren muss jeder einzelne von uns. Wenn Gott in uns herrschen soll, dann darf nicht das Böse herrschen. Aber auch die Gemeinschaft der Menschen muss umkehren. Der religiöse Individualismus, der nur selbst um jeden Preis selig werden möchte, ohne mit der gleichen oder grösseren Inbrunst das Los der Brüder auf der Seele zu tragen, ist das Gegenteil von Jesu Sinn. Gottes Herrschaft ist ein Reich. Ein Glied hängt mit dem anderen zusammen. Es herrscht in diesem Reich eine Solidarität. Da können die Unterschiede von Rasse, Nation und Religion nicht mehr trennend wirken. Da kann im Handel und Wandel, im Verkehr der Einzelnen untereinander wie in dem der Völker, in Arbeit und geselligem Leben, nicht mehr Selbstsucht, Krieg, Konkurrenz, Macht- und Ehrtrieb die innerste Triebkraft sein, sondern der Starke wird dem Schwachen dienen und der am Grössten sein, der am meisten dient. (Leonhard Ragaz, 1868–1945)

Die Stadt als globales Dorf
Die Zeitspanne, die wir abgeschritten haben, ist gross, und die Unterschiede in den Geistes- und Lebenswelten des jeweiligen Stadtchristentums sind es nicht

weniger. Bereits die unterschiedliche Terminologie der angeführten Zitate führt dies deutlich vor Augen. Entsprechend unterschiedlich ist die Weise, wie das Christentum jeweils interpretiert, verkündigt und gelebt wurde. Umso erstaunlicher sind dann aber auch die unübersehbaren Gemeinsamkeiten!

Die grossstädtische Wirklichkeit des 21. Jahrhunderts, oft ein multikulturelles, multireligiöses und immer auch irgendwie säkulares, globales Dorf auf engem Raum, fordert zweifellos das Christentum noch einmal in neuer Weise heraus: Neben den unübersehbaren christlichen Bauten, die nach wie vor den Blick auf sich ziehen und im ständigen Wechsel der städtischen Landschaft Orientierung ermöglichen, erinnern auch zahllose andere Züge des europäischen städtischen Kultur- und Geisteslebens deutlich an die Zeit der «christlichen» Stadt, auch wenn diese niemals ein harmonisch gelebtes Einheitschristentum war. Ort der ersten Bewährung des Christentums wie in der Antike ist die Stadt deshalb nicht mehr. Das städtische Christentum kann – und muss unweigerlich – an starke Traditionen anknüpfen, an hilfreiche und an belastende. Es tut gut daran, die damit gegebenen Chancen nicht zu unterschätzen, sie in kreativer Weise zu nutzen und die damit verbundenen Gefahren nicht zu ignorieren.

Dass die Zeit der kulturell homogenen und geographisch säuberlich voneinander abgegrenzten Räume vorbei ist, wird nirgends so spürbar wie in der modernen Stadt. Damit stellt sich das Problem des städtischen Christentums ganz anders als im Mittelalter und in der Reformationszeit. Das Christentum stellt nun einen Faktor unter zahlreichen anderen dar. Es muss lernen, auf eigenen Füssen zu stehen und Mittel und Wege zu finden, sich so Gehör zu verschaffen und sich selbst sichtbare Gestalt zu geben.

Bereits vor über vierzig Jahre hat Harvey Cox sein immer noch lesenswertes, in soziologischem, theologischem, aber auch prophetischem Geist geschriebenes Buch publiziert: «Stadt ohne Gott?» Cox nimmt darin das Lebensgefühl des Grossstadtchristen auf, um gleichzeitig die Überzeugung zu vermitteln, «dass im Lichte des biblischen Glaubens Säkularisierung und Urbanisierung nichts mit dunklem Unheil zu tun» haben, «das man verhüten muss», sondern dass sie «epochale Gelegenheiten» sind, «die es zu ergreifen gilt.»

> Jesus Christus begegnet seinem Volk nicht in erster Linie durch kirchliche Traditionen hindurch, sondern durch den sozialen Wandel. Er «geht voran» – einmal als Feuersäule, dann aber in jener Präsenz, die von Jerusalem nach Samaria und bis an die Enden der Erde reicht. Er ist seiner Kirche immer voraus. Er gibt ihr den Wink, ... nicht zurückzubleiben in der Erwartung, dass sich die Erneuerung von selbst ereigne. Kanon und Tradition dienen nicht als Quellen der Offenbarung, sondern als Vorläufer, mit deren Hilfe die gegenwärtigen Ereignisse als mögliche Orte des Handeln Gottes bestimmt werden können. (Harvey Cox, *1929)

Die Gestalten der drei Grunddimensionen des kirchlichen Handelns: Verkündigung, Diakonie und Gemeinschaft werden in der säkularen und zugleich religionspluralistischen Stadt anders aussehen als in einer Stadt der christlichen Einheitskultur. Die Grundspannung, in der auch das Stadtchristentum des 21. Jahrhunderts zu leben hat, besteht allerdings nach wie vor. Die neue Zürcher Kirchenordnung formuliert dies deutlich, wenn sie davon spricht, dass die Kirche «ihren Dienst in Offenheit gegenüber der ganzen Gesellschaft» leisten, und «den Menschen nah» sein will (Art. 5), dies aber nicht in falscher Anbiederung, sondern in der Erfüllung ihres Grundauftrages, der sie «mit ihren Gliedern allein dem Evangelium von Jesus Christus verpflichtet» (Art. 1).

Die Frage, ob das Christentum in der Stadt eine Zukunft hat, ist nicht mit der Frage gleichzusetzen, ob es wieder zu seiner mittelalterlichen politisch-kulturellen Machtstellung zurückfindet, und sie wird auch nicht mit dem Hinweis auf Statistiken beantwortet werden können. Viel enger hängt sie zusammen mit der Frage, ob sich auch in Zukunft Christinnen und Christen finden, die bereit sind, in der städtischen Kultur ihren Glauben und ihre Überzeugung zu leben. Dazu gehört auch, sich der eingangs dargestellten Spannung bewusst zu sein, sie theologisch zu bedenken und auszudiskutieren, und sie so als «gezielte» Spannung zu verantworten. Weder ein Rückzug in eine christlich-religiöse Sonderkultur noch eine stromlinienförmige Eingliederung in die kulturellen, religiösen oder säkularen Erwartungen und Moden der Stadt kommen hier in Frage. Wohl aber wird ein differenziertes Eingehen auf die unterschiedlichen innerstädtischen «Kulturen» nötig sein. Das setzt zweifellos die Bereitschaft voraus, sich auf diese städtischen Kulturen wirklich einzulassen, und zugleich den Mut, sich des Evangeliums auch dann nicht zu schämen, wenn damit keine Steigerung des gesellschaftlichen Ansehens verbunden ist, und man so auch nicht automatisch auf die Seite der strahlenden Sieger zu stehen kommt. Und es setzt als dritte Tugend wohl Bescheidenheit voraus: Das Wissen, dass auch die christliche Gemeinde keineswegs einfach über das Evangelium verfügt, sondern im besten Fall auf dieses zu hören bestrebt ist, mitten im Geschehen der geschäftigen Stadt – und für sie. Eine solche Bescheidenheit ist befreiend. Sie gibt die nötige Gelassenheit, im Wechsel der Zeiten, in der schnellen Folge städtischer Events, Trends und Zwänge nüchtern das zu tun, was einer christlichen Gemeinde stets zu tun aufgetragen ist. Dazu gehört, für das Stadtchristentum des 21. Jahrhundert nicht anders als für dasjenige aller Zeiten, dass es nicht nur nach rückwärts, sondern vor allem auch nach vorne blickt, über eigene fromme Wünsche und kühne Visionen hinaus auf den, von dem es seinen Namen hat – und seinen Auftrag.

Obwohl die Kirche zur Zeit kaum zu unterscheiden ist von einem toten oder doch invaliden Menschen, so darf man doch nicht verzweifeln; denn auf einmal richtet der Herr die Seinigen auf, wie wenn er Tote aus dem Grabe erweckte. Das ist wohl zu beachten; denn wenn die Kirche nicht leuchtet, halten wir sie schnell für erloschen und erledigt. Aber die Kirche wird in der Weise in der Welt erhalten, dass sie auf einmal vom Tode aufersteht. Kurz: Die Erhaltung der Kirche geschieht mittels vieler täglicher Wunder. Halten wir fest: Das Leben der Kirche ist nicht ohne Auferstehung, noch mehr, nicht ohne viele Auferstehungen! (Johannes Calvin, 1509–1564)

LITERATUR

Peter Lampe, Die stadtrömischen Christen in den ersten beiden Jahrhunderten, Tübingen 1987.

Rudolf Brändle, Johannes Chrysostomos. Bischof – Reformer – Märtyrer, Stuttgart 1999.

Martina Wehrli-Johns, Geschichte des Zürcher Predigerkonvents (1230–1524), Zürich 1980.

Barbara Helbling; Magdalen Bless-Grabher; Ines Buhofer (Hg.), Bettelorden, Bruderschaften und Beginen in Zürich, Zürich 2002.

Dieter Richter, Die deutsche Überlieferung der Predigten Bertholds von Regensburg, München 1969.

Ulrich Gäbler, Huldrych Zwingli. Eine Einführung in sein Leben und sein Werk, 3. Auflage, Zürich 2004.

Peter Opitz, Leben und Werk Johannes Calvins, Göttingen 2009.

Ulrich Im Hof, Das gesellige Jahrhundert. Gesellschaft und Gesellschaften im Zeitalter der Aufklärung, München 1982.

Robert Barth, Protestantismus, soziale Frage und Sozialismus im Kanton Zürich 1830–1914, Zürich 1981.

Harvey Cox, Stadt ohne Gott?, 6. Auflage, Stuttgart 1971.

Gottlieb Burkhard

75 JAHRE VERBAND DER STADTZÜRCHERISCHEN EVANGELISCH-REFORMIERTEN KIRCHGEMEINDEN – FESTVORTRAG AUS DEM JAHR 1984

Ein solches Jubiläum einer Körperschaft oder Institution ist nicht einfach ein Anlass, ein fröhliches Fest zu veranstalten. Ein Gedenktag ist auch ein gegebener Zeitpunkt für eine Rückschau und eine Rückbesinnung auf die Umstände und Beweggründe, die zu der seinerzeitigen Gründung der Institution geführt oder gar genötigt haben, und auch zu deren Weiterentwicklung im Laufe der Zeit – eine Anregung auch zu einer Bewusstseinsauffrischung über Wesen und Besonderheit der «jubilierenden» Körperschaft.

Der stadtzürcherische reformierte Kirchgemeindeverband ist nach dem Wortlaut der Kantonsverfassung und der gemeinderechtlichen Ausdrucksweise bekanntlich ein sogenannter *Zweckverband*. Dieser Begriff lässt sich definieren als ein Zusammenschluss von Gemeinden zur gemeinschaftlichen Besorgung bestimmter Zweige der Verwaltung unter Aufrechterhaltung der Selbständigkeit der Verbandsgemeinden. Merkwürdigerweise ist aber unser Kirchgemeindeverband vor 75 Jahren nicht etwa zu öffentlich-rechtlicher Personalität gelangt durch eine Vereinbarung seiner Elemente, der damals 13 stadtzürcherischen reformierten Kirchgemeinden, sondern es geschah durch einen *staatlichen Akt:* durch eine hiezu erforderliche Ergänzung eines Artikels der Kantonsverfassung und den Erlass eines darauf abgestützten Verbandsgesetzes betreffend die stadtzürcherischen reformierten Kirchgemeinden. Denn die Körperschaft «Zweckverband» war zu Anfang unseres Jahrhunderts verfassungsmässig und gemeinderechtlich noch nicht für den allgemeinen Gebrauch – für *alle* Gemeindearten – eingeführt und institutionalisiert. Erstmals in der zürcherischen Rechtsordnung verwendet wurde der

Ausdruck «Zweckverband» erst 17 Jahre nach unserer Verbandsgründung in einer Ergänzung der heute noch gültigen Kantonsverfassung vom 6. Juni 1926[1] und im Zusammenhang damit in dem damals neuen Gemeindegesetz gleichen Datums.

Zweckverbandliches Denken aber ist doch bedeutend älter. Und wenn das Gedachte und Angestrebte – der Begriff – früher auch nicht mit einem bestimmten Ausdruck, einem Begriffswort, benannt worden ist, so wurde dann doch einmal in der Rechtsetzung dieser noch namenlose Begriff vorläufig umschrieben. In den Beratungen über den Entwurf zur demokratischen Kantonsverfassung von 1869 wurde – aber wohlgemerkt: ausschliesslich für die politischen Gemeinden – einem Artikel ein Absatz beigefügt mit dem Wortlaut: «... wo besondere Verhältnisse es als wünschbar und zweckmässig erscheinen lassen, können sich mehrere politische Gemeinden miteinander verbinden, um einzelne Zweige der Gemeindeverwaltung gemeinschaftlich zu besorgen, und hiefür besondere Organe aufstellen.»

Aufgrund dieses ergänzten Verfassungsartikels wurden in den folgenden Jahren bald und zum Teil mit Eifer vor allem im Bereich der Stadt Zürich und ihrer Vorortsgemeinden solche Zweckverbände politischer Gemeinden gegründet. Ein recht interessantes Beispiel eines solchen Zweckverbandes, dessen sichtbares Werk und auch «hintergründiger Nebenerfolg» uns Zürcher heute noch wohltun, ist erwähnenswert: Im Jahre 1881 schlossen sich die drei politischen Gemeinden Zürich, Riesbach und Enge zusammen zum «Quaianlage-Verband». Als Zweckbestimmung auferlegte er sich die Planung, Finanzierung und Ausführung der Seeanlagen vom Zürichhorn bis hinüber in die Enge sowie den Bau einer Quaibrücke. Mit seiner weitsichtigen Politik und Aktivität, die schon von einer Studienkommission seit 1875 eingeleitet worden war, verhinderte dieser Zweckverband auch die Realisierung eines von Kantonsingenieur Wetli ausgearbeiteten Projektes der Nordostbahn für die rechtsufrige Bahnlinie mit einem Eisenbahngürtel den unteren Seeufern entlang und rund um das See-Ende in die Enge hinüber zur Verbindung mit der linksufrigen Seelinie und zum Hauptbahnhof.[2] Wie im Schlussbericht des Quaianlage-Verbandes – 1889 in Buchform erschienen – dann etwas sarkastisch vermerkt wurde, hätte dieses Bahngleis-Trassee rund um das See-Ende «die Stadt Zürich vom See abge-

GOTTLIEB BURKHARD

---

1   Art. 47bis KV.
2   Nach dem Bericht der «Züricher Post» vom 2. Sept. 1881 über die Sitzung des Grossen Stadtrates hat sich auch ein Ratsmitglied in seiner beruflichen Eigenschaft als Beamter der Nordostbahn-Gesellschaft an der Diskussion über die geplanten Quaibauten beteiligt, wobei er allzu deutlich die «Gereiztheit» seiner Arbeitgeberschaft gegenüber der städtischen Finanzverwaltung und damit auch seine persönliche «Befangenheit» so widerwärtig habe anklingen lassen, dass «die Art seines Auftretens ... eher seinen Abgang als seinen Aufgang zur Folge haben könnte».

schnitten», und anstelle der späteren Quaibrücke hätte eine Limmatbrücke gebaut werden müssen für eine ambitiös geplante «Lokomotivbahn»![3]

In seiner Dissertation «Der kommunale Zweckverband nach zürcherischem Recht mit besonderer Berücksichtigung des Verbandes der stadtzürcherischen reformierten Kirchgemeinden» schrieb Dr. Eduard Rübel: «Das Hauptbeispiel eines Zweckverbandes ist im Kanton Zürich der Verband der stadtzürcherischen reformierten Kirchgemeinden. Dieser Verband hat seine eigene Entstehungsgeschichte.»

Zur Zeit der Reformation bestanden auf dem Gebiet der damaligen Stadt Zürich und der unmittelbar an ihre Mauern grenzenden Dörfer nur drei Kirchgemeinden: Grossmünster, Fraumünster und St. Peter – Grossmünster und St. Peter auch mit ihren Filialen in den umliegenden Dörfern. «Stadtluft macht frei!» ist ein alter Spruch. Die wirtschaftlichen Privilegien der Stadtbewohner, die beruflichen Monopolrechte der Zünfte übten eine starke Anziehungskraft auf die Landbewohner aus. Aber auch vor den Stadtmauern bereits, in gewisser Nähe von ihnen sich anzusiedeln, war interessant, weil die begehrte «freimachende Stadtluft» auch in diesem Vorfeld wehte. Durch neun rings um die Stadt herum errichtete grosse Steinkreuze wurde eine innere Rechtszone der Aussengemeinden (oder «Wachten») in administrativer und polizeilicher Hinsicht mit dem Stadtrecht in engere Beziehung gebracht. Innerhalb der neun Kreuze galt polizeilich das Stadtrecht; wer ausserhalb der Stadtmauern,

---

3 Weitere Beispiele solcher Zweckverbandsgründungen von politischen Gemeinden zusammen mit der damaligen Stadtgemeinde Zürich, gestützt auf die mit der 1869er Staatsverfassung hiefür geschaffene Möglichkeit, waren (nach E. Rübel) – als allererster förmlicher Zweckverband: der «Verband .zum Zweck der Erweiterung des zürcherischen Waffenplatzes», gegründet 1873 von den 10 politischen Gemeinden Zürich, Enge, Wiedikon, Aussersihl, Wollishofen, Riesbach, Hirslanden, Fluntern, Oberstrass und Unterstrass, damit im Hinblick auf das eidgenössische Militärorganisationsgesetz von 1874 der Zürcher Stadtrat sich beim Bundesrat um die Ernennung Zürichs zum Hauptwaffenplatz des Divisionskreises bewerben konnte. Auch die neun Vorortsgemeinden waren an diesem Begehren interessiert, weil sie von der angestrebten Bedeutung der Stadt auch für ihren dörflichen Bereich eine Belebung des Verkehrs und einen geschäftlichen Auftrieb für Gewerbe und Handel erwarteten. – Zwei Jahre später schlossen sich die politischen Landgemeinden Riesbach, Hirslanden und Hottingen mit ihrem «Vertrag über das Beerdigungswesen» zu einem Zweckverband zusammen, nachdem die 1874 revidierte Bundesverfassung in Art. 53 betreffend das Bestattungswesen statuiert hatte, dass die Verfügung über die Begräbnisplätze künftig nicht mehr den kirchlichen, sondern den bürgerlichen Behörden zustehe und dass diese dafür zu sorgen hätten, dass jeder Verstorbene schicklich beerdigt werden könne. Mit ihrem ein Jahr nach der Verfassungsrevision gegründeten Zweckverband wollten diese drei benachbarten Gemeinden vernünftigerweise vermeiden, dass jede von ihnen über eine eigene Begräbnisstätte müsse verfügen können; zu diesem Zwecke übernahm ihr hiefür gegründeter Zweckverband von der Kirchgemeinde Neumünster, deren Territorium diejenigen dieser drei politischen Gemeinden umfasste, das Friedhofwesen in gemeinschaftliche Verwaltung, wie auch die verbandliche Verpflichtung für die auf der Kirchgemeinde noch lastenden Schulden für ihre Friedhofanlage neben der Kirche. – Und zu einem «Strassenbahn-Verband» schlossen sich 1881 die politischen Gemeinden Kiesbach, Zürich, Enge und Aussersihl zusammen.

aber innerhalb der die Kreuze verbindenden Zonenlinie wohnte, konnte unter anderem auch in die Zünfte aufgenommen werden und sogar das Stadtrecht erwerben.[4]

Die Privilegien der Stadtbewohner und auch der Ansiedler innerhalb der Kreuze bewirkten, dass die Landgemeinden mit territorialem Anstoss an die Stadtgrenze sich bevölkerungsmässig schneller vergrösserten als andere Dörfer, was sich bevölkerungsmässig auch auf die ausserhalb der Stadtmauern liegenden Sprengel der ursprünglichen städtischen Kirchgemeinden auswirkte. Dieses Wachstum vor allem im 18. und 19. Jahrhundert weckte mehr und mehr die Tendenz zur Aufteilung zu gross gewordener Kirchgemeinden, zur Verkleinerung der herkömmlichen Gemeinden und Verselbständigung bevölkerungsstark gewachsener Filialgemeinden. Schon 1614 verselbständigte das Grossmünster zunächst die Gemeinde zu Predigern, umfassend auch die drei Aussenwachten Fluntern, Oberstrass und Unterstrass, sodass die Stadt nun fortan während 220 Jahren vier Kirchgemeinden zählte (siehe im Anhang die grafische Darstellung der Verbandsentwicklung).

Bis zu Anfang des 19. Jahrhunderts war auch die Bevölkerung der drei politischen Gemeinden Riesbach, Hirslanden und Hottingen auf über 3000 Seelen angestiegen, und im reformierten Kirchenvolk kamen Bestrebungen in Gang, sich auch von der Gemeinde Grossmünster abzutrennen. Ein neues Kirchengesetz von 1833 (die bewegte Zeit des Liberalismus!) eröffnete dazu die Möglichkeit. In den Jahren nach dem Ustertag wurden auch die Stadtmauern niedergelegt. In diese Zeit des Aufbruchs und der strukturellen Loslösung von alter städtischer Vorherrschaft beschlossen im Januar 1834 die Reformierten der drei Vorortsgemeinden Riesbach, Hirslanden und Hottingen die Loslösung ihrer gemeinsamen Filiale, der «Kirche zum Kreuz», von der Kirchgemeinde Grossmünster und ihre Verselbständigung zur «Kreuzgemeinde». Der Beschluss dieser ersten von ihrer städtischen Muttergemeinde sich loslösenden und verselbständigenden Kirchgemeinde ausserhalb der Stadt war verbunden mit der Zustimmung zum Anerbieten einer ad hoc gebildeten Aktiengesellschaft, eine Kirche zu bauen, welche die längst zu klein gewordene «Kirche zum Kreuz» (am Kreuzplatz) ersetzen sollte. Und im Sommer des gleichen Jahres 1834 fasste die Kirchgemeindeversammlung der halbjährigen «Kreuzgemeinde» den Beschluss, dass die projektierte Kirche und ihre Gemeinde «Neumünster» heissen sollten.

34

---

4   Ein solches Kreuz zur Bezeichnung dieser Rechtsgrenze stand auch beim Brunnen auf dem heutigen Kreuzplatz (etwa wo heute in der Strassenkreuzung der südwestliche Platzrand anfängt in die Zollikerstrasse abzubiegen); die Namen Kreuzplatz, Kreuzstrasse, Kreuzbühl, Kreuzbühlstrasse erinnern daran, und anstelle der heutigen Tramwartehalle stand bis in die dreissiger Jahre des letzten Jahrhunderts die «Kirche zum Kreuz», die ursprüngliche «Kreuzkirche», die in der Tramwartehalle als Deckengemälde festgehalten ist.

Der Erfolg des Verselbständigungsstrebens der reformierten Bevölkerung in den Dörfern Hottingen, Hirslanden und Riesbach brachte auch die Kirchgenossen in anderen Vorortsgemeinden in Bewegung. In den folgenden Jahrzehnten lockerte sich mehr und mehr auch das kirchliche Filialverhältnis zwischen den alten Stadtgemeinden St. Peter und Predigern einerseits und ihren Gemeindegliedern in den sieben politischen Gemeinden Enge mit Leimbach, Wiedikon, Aussersihl, Oberstrass und Unterstrass.

Bei aller Verselbständigungstendenz und allem Autonomiestreben regte sich indessen auch ein dazu gegenläufiges, zum Mindesten ein mässigendes Interesse. Man wollte die Tendenz zur Dezentralisierung und Trennung doch nicht zu einer absoluten Eigenständigkeit und Eigenwilligkeit emporstilisieren. Der Zug zur Verselbständigung weckte zugleich das Bedürfnis, untereinander doch in gutem und regelmässigem Kontakt zu bleiben und nach einer Zusammenarbeit, um das kirchliche Leben, soweit wünschbar und vernünftig, zu koordinieren – kurz: ein Bedürfnis nach einer *Interessengemeinschaft*. Wie in der grafischen Darstellung im Anhang auch festgehalten, schufen darum im Jahre 1861 die elf Kirchgemeinden – die vier Altstadtgemeinden und die sieben Filialgemeinden, jedoch ohne Wollishofen und die Neumünstergemeinde, die ja seit 1834 und 1854 nicht mehr zu einer Stadtgemeinde gehörten – als *freies föderatives Organ* eine Art «gemeinsamer Kirchenpflege». In dieses beratende Gremium wählte jede Altstadtgemeinde und deren Filialen als gleichberechtigte Gemeinschaftsglieder wie ihre Stammgemeinden je drei Mitglieder, wozu dann allerdings noch die Pfarrer der vier Altstadtgemeinden sowie auch verschiedene Beamte der politischen Gemeinde Zürich kamen. An ihren Zusammenkünften sollten gemeinsame kirchliche Angelegenheiten behandelt werden, wie die Festsetzung des Gottesdienstbeginns, die Festlegung von Zeit und Form der Beerdigungsgottesdienste, die Anordnung von allgemeinen Kollekten und Sammlungen oder die Ordnung und Kontrolle der Sonntags- und Feiertagsruhe, «Sonntagspolizei» genannt. Dieses Delegiertenorgan war jedoch keine Behörde und darum nicht befugt, verbindliche Beschlüsse zu fassen; es konnte lediglich Empfehlungen an die Stillstände der Gemeinden und deren Aussenfilalen ergehen lassen.

Im Jahre 1882 lösten sich von der St.-Peter-Gemeinde ihre Filialsprengel Enge mit Leimbach, Wiedikon und Aussersihl. Und im Zusammenhang mit der ersten Stadtvereinigung von 1893, bei der elf umliegende politische Gemeinden, zu denen auch Fluntern, Oberstrass und Unterstrass gehörten, mit der Stadt vereinigt wurden, erlangten auch diese bisherigen Sprengel der Stadtgemeinde Predigern ihre volle Selbständigkeit. Damit war der historische Kreis der 13 stadtzürcherischen reformierten Kirchgemeinden geschlossen, die 1909 dann vom Staat zu einem Zweckverband zusammengeschlossen wurden.

Der Antrieb zum Zusammenschluss der 13 Gemeinden nun auch zu einem kirchlichen Zweckverband war von diesen Gemeinden selbst bzw. von deren seit 1861 bestehenden lockeren Interessengemeinschaft ausgegangen. Sie war ja tätig durch das von ihr ins Leben gerufene föderative Beratungsorgan. Im Hinblick auf die Stadtvereinigung von 1893 hatte sich dieses bemüht, die Kirchenpflegen dazu zu bewegen, auch für die städtischen Kirchgemeinden eine bessere Organisation zu schaffen, die eine effizientere und verbindlichere Zusammenarbeit der Gemeinden gewährleisten würde. Nach planerischen Vorbereitungen in den einzelnen Kirchenpflegen wurde im Herbst 1894 an einer Sonderkonferenz von Abgeordneten aller nunmehr im erweiterten Gebiet der Stadt bestehenden 13 Kirchgemeinden eine *freiwillige Vereinbarung* getroffen, durch die nun eine so benannte «Kirchliche Centralkommission» eingesetzt wurde, die auf Anregung einer Kirchgemeinde oder aus ihrer eigenen Mitte Angelegenheiten von gemeinsamem Interesse beraten sollte. Aber auch diese «Centralkommission» mit 26 Gemeindedelegierten (jede Gemeinde zwei) war noch nicht eine entscheidungsberechtigte Behörde, sondern sollte nur den Kirchgemeinden Anträge unterbreiten, und erst die von den Kirchgemeindeversammlungen gefassten Zustimmungsbeschlüsse waren dann verbindlich und vom «Ausschuss» der Centralkommission zu vollziehen. – Obwohl selber also ohne Entscheidungskompetenz, brachte die Kirchliche Centralkommission von 1894 doch Wesentliches zustande: Sie hat denn auch die Verbandsgründung von 1909 initiiert.

Ein schwerwiegendes *Problem* beschäftigte nämlich die Centralkommission von Anfang ihrer Geschäftstätigkeit an. Unter den 13 Gemeinden der damaligen Stadt gab es solche, die mangels Steuersubstanz dauernd und drückend belastet waren, neben anderen recht wohlhabenden, mit Steuersubstanz gut hinterlegten Kirchgemeinden. Die sich der Centralkommission aufdrängende Frage war, wie den Kirchgemeinden, die allein schon mit der Bestreitung ihres ordentlichen Haushaltes Mühe hatten und für die notwendigen Kirchenbauten die Mittel nicht aus eigener Kraft aufzubringen vermochten, Hilfe geboten werden konnte. Das Bedürfnis nach Kirchenbauten drängte sich auf als Folge eines zum Teil stürmischen Wachstums im ausgehenden 19. Jahrhundert. In der Gemeinde Wiedikon zum Beispiel hatte seit deren Abtrennung von St. Peter im Jahre 1882 bis zum Bau der Bühlkirche 1894/96 die Bevölkerungszahl von gut 4000 auf 15 000 Seelen zugenommen!

Das Steuersystem im Kanton Zürich kannte vor 1919 einen Steuerfuss in Prozenten der Staatssteuer noch nicht, sondern man rechnete mit sogenannten *Steuerfaktoren*. Nach dem Steuergesetz von 1861 wurde das Vermögen in Einheiten von 1000 Franken (also in Promille-Blöcke) aufgeteilt, und jede solche Vermögenseinheit bildete einen Steuerfaktor. Zur Festlegung der Steuerfaktoren vom Einkommen legte das Gesetz den Massstab von 100 Franken an.

Von den Kirchgemeinden wurde aber damals noch keine Einkommenssteuer erhoben;[5] ihre Steuersubstanz bestand hauptsächlich im Vermögen der natürlichen Personen und der Gesellschaften; ausser einer Steuer vom Vermögen über 1000 Franken zogen sie auch eine Haushaltsteuer sowie eine Mannsteuer von alleinstehenden Männern ein. Der Ansatz dafür war derselbe wie für einen Vermögensfaktor: ein halber bis 1 Franken 50. Protokollen der erwähnten Centralkommission, die sich in unserem Verbandsarchiv vorfinden, und auch der

---

5   Die nominelle Einkommenslage der breiten Beaölkerungsschicht um die Jahrhundertwende war aus heutiger Sicht unvorstellbar niedrig. Als im Jahre 1898 in den stadtzürcherischen Kirchgemeinden (Centralkommission!) untersucht wurde, ob es tunlich wäre, anstelle der Manns- und der Haushaltungssteuer wie in den politischen Gemeinden eine Einkommenssteuer zu erheben, wobei die Einkommen unter 1000 Franken auch steuerfrei sein sollten, da ergab sich zum Beispiel für die Kirchgemeinde Aussersihl, dass von ihren etwa 7000 Steuerpflichtigen nur rund 1900 für eine Einkommenssteuer in Betracht gekommen wären. Ein Einkommen über 1000 bis 1500 Franken verdienten 930 Aussersihler, 1600 bis 2000 Franken Einkommen hatten 322 Gemeindeglieder, und ein Einkommen zwischen 5000 und 6000 Franken hätten noch 5 Kirchgenossen zu versteuern gehabt. – Nach den für die allgemeinen Gemeindesteuern geltenden Bestimmungen hätten die Steuersätze für Einkommen zwischen 1000 und 2000 Franken von jedem Hundert 20 Rappen, für jedes weitere Hundert bis Einkommen von 3000 Franken 25 Rappen und für jedes Hundert über 4000 bis 6000 Franken 60 Rappen betragen. – Die Kirchgemeinde Aussersihl musste 1897 etwa 1000 von ihren rund 7000 Steuerpflichtigen betreiben; von ungefähr einem Drittel gingen darauf die Kirchensteuern ein, die übrigen zwei Drittel, meist dubiose Manns- und Haushaltungssteuern, mussten als unerhältlich abgeschrieben werden. – Im Jahr 1900 verdiente ein Fabrikarbeiter in Zürich knapp 1000 Franken, ein Wagenführer der Strassenbahn 1600 bis 2040 Franken, ein Kanzlist 1. Klasse der Stadtverwaltung 1600 bis 2400 Franken. – 1911 betrugen im kirchlichen Bereich die Jahresbesoldungen bzw. die Entschädigungen zum Beispiel für die Sigristen an den Altstadtkirchen um die 2000 Franken in bar (freie Wohnung im Wert von 700 bis 800 Fr.); der Sigrist von St. Jakob bezog 2600 Franken, Fluntern zahlte seinem Sigristen (damals noch am alten Kirchlein) 1200 Franken. Die Läutmannschaft des Grossmünsters wurde gesamthaft mit 500, die der Kreuzkirche mit 845 Franken im Jahr entlöhnt; die Kirchengutsverwaltung von Wiedikon verausgabte bei Vollgeläute an Handgeldern 4 Franken pro Mal, das heisst 5 mal 80 Rappen für 5 Läutknechte; in Unterstrass und Fluntern war die «Ausrichtung eines Taschengeldes Sache des Sigristen». – Die Gemeindezulagen der Pfarrer schwankten in 12 Gemeinden zwischen 1000 und 3200 Franken im Jahr; die beiden Pfarrer von St. Peter, die völlig von der Gemeinde besoldet werden mussten (sie waren nicht staatlich angestellt), bezogen als Gesamtbesoldung in Anlehnung an die kantonale Besoldungsverordnung 6000 Franken im Minimum und 6500 Franken im Maximum. – Geldwert (Lebenskosten) in den Jahren 1898 bis 1910, Beispiele: 1 kg Brot kostete 30 Rappen, 200 kg Kartoffeln 11 Franken, 1 kg Teigwaren 60 Rappen, 1 kg Zucker kostete 1911 60 Rappen, 1 Pfund Ochsenfleisch 1900 70 Rappen, Kalbfleisch war 1888 im Tagblatt für 70 Rappen das Pfund ausgeschrieben, kostete um 1910 aber bereits 2 Franken, 1 Pfund Bündner Gitzi wurde 1898 allwöchentlich für 90 Rappen angeboten. Ein Knabenkleid für das Alter von 7 bis 12 Jahren wurde 1898 ab Fr. 9.50 angepriesen, ein Herrenanzug war von Fr. 16.50 an zu haben, 1 Herren-Wintermantel für 20 Franken, und ein Hochzeitsanzug, «solid, aus schwarzem Tuch», für 55 Franken; ein Paar Herrenschnürschuhe für Fr. 9.50. – Anno 1900 zahlte man in Zürich für eine Dreizimmerwohnung einen Jahreszins von 470 Franken, 1898 waren im Tagblatt neue Vierzimmerwohnungen an der Ceresstrasse ausgeschrieben «mit Keller und Mansardenzimmer, teils mit Speisekammer und Balkon» für 450 bis 650 Franken im Jahr, und Heizi-Bürdeli, Hartholz, wurden per 100 Stück für 14 Franken «franko Behälter» geliefert. Ein Stadttheaterbillett für 1. bis 14. Reihe Parkett kostete 5 Franken.

Neuen Zürcher Zeitung jener Jahrgänge ist zu entnehmen, dass in den Jahren 1904/05 zum Beispiel die 13 Kirchgemeinden in drei Kategorien einzuordnen waren:

Zur 1. Kategorie gehörten die 4 gutsituierten Gemeinden: St. Peter, Grossmünster, Enge, Neumünster. Sie besassen bereits eine grosse Kirche (Neumünster baute sich in jenen Jahren mühelos für eine Million eine zweite)[6] und mussten pro Steuerfaktor nur 50 Rappen Steuer erheben, wobei aber die Gemeinden Grossmünster nur jedes zweite Jahr und St. Peter nur alle drei Jahre Steuerzettel zu verschicken brauchten.

In der 2. Kategorie figurierten die 5 Gemeinden, deren Haushaltsrechnung befriedigend ausgeglichen werden konnte mit einem Steuerbezug von 60 Rappen bis 1 Franken pro Steuerfaktor: die Kirchgemeinden Fraumünster, Predigern, Fluntern, Unterstrass, Wollishofen.

Die 3. Kategorie bildeten die 4 Gemeinden Aussersihl, Wiedikon, Wipkingen, Oberstrass, die einen Kirchenbau noch dringend nötig hatten oder mit Bauschulden bereits belastet waren und die pro Steuerfaktor Fr. 1.50 erheben mussten, wobei aber für die Gemeinden Wipkingen und Oberstrass bei Verwirklichung des geplanten Kirchenbaus dieser Ansatz nicht ausgereicht hätte. Seit Jahren sollten in den grossen Gemeinden Wiedikon und Aussersihl auch neue Pfarrstellen geschaffen und darum auch Pfarrhäuser gebaut werden; man scheute aber diese Ausgaben, weil damit die Kirchensteuer noch höher hätte ansteigen müssen.

Die Altstadtgemeinden ihrerseits profitierten zum Teil von hohen Steuerfaktorsummen, die aus dem Kapital der auf ihrem Gebiet bereits tätigen juristischen Personen resultierten. Auch die Gemeinde Fraumünster hatte sich 1904/05 nur vorübergehend in die 2. Kategorie verschoben, weil sie sich mit dem Guhlschen Ausbau der Kirche befasste. Einem Protokoll der Centralkommission ist zu entnehmen, dass in den Jahren 1891–1895 St. Peter und Grossmünster die 50 Faktorrappen sogar nur einmal beziehen mussten und Fraumünster in all jenen fünf Jahren überhaupt keinen Steuerbezug nötig hatte!

Wenn man die Steuerbelastung der Kirchgenossen in den verschiedenen Gemeinden in den Jahren 1904/05 vergleicht, so wurden diejenigen in Aussersihl, Wiedikon, Wipkingen und Oberstrass mit einer Steuer von Fr. 1.50 pro Steuerfaktor also dreimal stärker belastet als ihre Glaubensgenossen in den Gemeinden Enge und Neumünster, wo man mit 50 Rappen pro Faktor auskam. Aber sechsmal mehr zahlten die Kirchensteuerpflichtigen in den erstgenannten vier Gemeinden als ihre Mitchristen in der Grossmünstergemeinde, die ihre Steuer von 50 Rappen pro Faktor ja nur alle zwei Jahre zu entrichten hatten,

---

6   Die Kreuzkirche in Hottingen, von der Neumünstergemeinde erbaut 1802 bis 1904 (siehe Anmerkung 4).

und neunmal mehr als die Glaubensfreunde von St. Peter, wo gar nur alle drei Jahre die Kirchensteuer mit dem gleichen Ansatz erhoben werden musste. – Unhaltbare Verhältnisse in dem engen Raum der damaligen Stadt!

Im Herbst 1904 beauftragte die Centralkommission eine Subkommission von sieben Mitgliedern,[7] in die auch der Staatsbuchhalter berufen wurde, die zwei für einen *Finanzausgleich* sich anbietenden Möglichkeiten «zu prüfen und darüber Bericht und Antrag zu hinterlegen» – nämlich sowohl die «totale Vereinigung zu einer Stadtkirchgemeinde als diejenige zu einer partiellen Vereinigung zu einem Verband, der die mit finanziellen Schwierigkeiten kämpfenden Glieder zu subventionieren hätte». Diese Studienkommission holte auch Informationen in Bern und Stuttgart ein, wo die gleichen Probleme durch Schaffung von Gesamtgemeinden mit Teilgemeinden gelöst worden waren. Bereits nach einem halben Jahr, im März 1905, unterbreitete sie mit ihrem Bericht der Centralkommission auftragsgemäss zwei Gesetzesentwürfe: ihren Entwurf A für eine Verbandslösung und den Entwurf B mit dem Konzept für eine Stadtkirchgemeinde.

Eingedenk der kirchlichen Entwicklung in der Stadt Zürich seit dem 17. Jahrhundert mit der deutlichen Tendenz zu Dezentralisation und autonomer Verselbständigung der Kirchgemeinden befolgte die Centralkommission den Ratschlag ihrer Studienkommission und beantragte den 13 Kirchgemeinden, auf den Gesetzesentwurf A für einen Zusammenschluss zu einem Verband einzutreten und diese Vorlage mit dem Konzept einer Verpflichtung der finanziell besser gestellten Verbandsgemeinden zu verbinden, eine zusätzliche Ausgleichssteuer einzuziehen, die sie an die Verbandskasse zu leisten hätten zur Finanzierung von Subventionen an die bedürftigen Gemeinden – und diese Vorlage als ausgearbeitete Behördeninitiative der Kantonsregierung einzureichen.

Die Gemeindeversammlungen stimmten diesem Centralkommissionsantrag zu – «mit lobenswerter Uneigennützigkeit und Selbstverleugnung auch in den vier bestsituierten Kirchgemeinden», wie die Neue Zürcher Zeitung schrieb. Der Regierungsrat hätte zwar aus verwaltungstechnischen Erwägungen die Vereinigung zu einer städtischen Gesamtkirchgemeinde für zweckmässiger gehalten, schloss sich aber dem Gutachten seiner Beratungskommission, die er besonders dazu eingesetzt hatte, an. Die vom kantonalen Parlament durchberatenen Vorlagen gelangten am 18. April 1909 zur Volksabstimmung. Der Verfassungsartikel, der die Schaffung von Zweckverbänden durch Gemeinden nun jeder Art auf gesetzlichem Weg ermöglichte, wurde vom Zürchervolk mit

---

7   Diese Subkommission setzte sich aus folgenden Persönlichkeiten zusammen: Dr. Conrad Escher (Enge), Staatsbuchhalter Bucher (Oberstrass), Pfarrer Schlatter (Wiedikon), Lehrer Aeberli (Aussersihl), Dr. Jakob Escher-Bürkli (St. Peter, ab 1909 erster Präsident der Zentralkirchenpflege), Pfarrer Schönholzer (Neumünster), Pfarrer Roth (Wipkingen).

34 739 Ja gegen 3958 Nein und das – so betitelte – «Gesetz betreffend den Verband der stadtzürcherischen Kirchgemeinden» mit 37 185 Ja gegen 8110 Nein angenommen.

Die *Funktion des verbandlichen Steuerausgleichs* ordnete das Gesetz von 1909 nach folgenden Grundsätzen und Regeln:

1. Keine Verbandsgemeinde, weder die Subventionen empfangenden noch die zu Ausgleichsbeträgen an die Zentralkasse verpflichteten, sollen höhere Kirchensteuern erheben müssen als einen Franken pro Steuerfaktor.

2. Die zusätzliche Steuer, welche die günstig situierten Gemeinden für die Verbandskasse erheben müssen, soll höchstens 15 Rappen für den Steuerfaktor ausmachen.

3. Die Gemeinden, welche Subventionen beziehen, sind immerhin verpflichtet, ihre Steuer nicht tiefer als mit einem Franken pro Steuerfaktor anzusetzen.

4. Gemeinden, die verpflichtet sind, Steuerbeiträge an die Zentralkasse zu zahlen, haben jährlich auch vom Ertrag ihres realisierbaren Reinvermögens einen Achtel an die Verbandskasse abzuliefern.

5. Gemeinden, die für ihren eigenen Bedarf schon eine Steuer von 75 Rappen und mehr pro Steuerfaktor erheben müssen, zahlen an die Verbandskasse die Hälfte, also 7½ Rappen pro Faktor und nur einen Sechzehntel vom Ertrag ihres Reinvermögens; sie sollen jedenfalls auch nicht zu einer höheren Gesamtsteuer als einem Franken genötigt sein.

Wohlweislich hatte der Gesetzgeber vorgesehen, auch eine doppelte Gefahr abzuwehren: dass kirchturmpolitisch durch unangemessene Ausgabensteigerung oder die Ansetzung von zu kurzen Amortisationsfristen für Bauschulden eine Erhöhung der Steuersätze erzielt würde, um sich der Beitragspflicht zu entziehen oder gar selber subventionsberechtigt zu werden. Darum stellte das Verbandsgesetz den Kirchgemeindeverband unter eine – wörtlich! – «besondere Oberaufsicht», indem die Verbandsgemeinden, die künftig Subventionen aus der Verbandskasse bezögen, ihre Voranschläge und Jahresrechnungen sowie Pläne und Kostenvoranschläge für kirchliche Neu- und Umbauten (auch für Pfarrhäuser) dem Bezirksrat einreichen mussten, der sie darauf zu prüfen hatte, ob sie – wörtlich – «den bestehenden Bedürfnissen und der ökonomischen Lage der Kirchgemeinde angemessen» wären. Der Bezirksrat hatte zwar seinen Begutachtungsbeschluss zu fassen nach Einholung des Befundes der Zentralkirchenpflege. Anderseits konnte auch gegen Beschlüsse der Zentralkirchenpflege betreffend sowohl die Gemeindesubventionen der bedürftigen als auch die Beitragspflicht der finanzstarken Gemeinden von den Kirchenpflegen an den Bezirksrat rekurriert werden. – Für die Bewahrung der

Gemeindeautonomie war also gründlich vorgesorgt, die Entscheidungskompetenz des Verbandsorgans schutzsicher zurückgebunden!

Man hatte errechnet, dass mit diesem ausgeklügelten Extrasteuer- und Beitragssystem der Verbandskasse in den ersten Jahren 75 000 bis 90 000 Franken zufliessen und für die Subventionierung der bedürftigen Gemeinden zur Verfügung stehen würden. Doch dieses ursprüngliche Verbandsgesetz von 1909 vermochte unter den neuen Schwierigkeiten der bevorstehenden Jahre nicht durchzuhalten. Schon 1915 (Weltkrieg!) reichte die festgelegte Steuerlimite von einem Franken pro Steuerfaktor nicht mehr aus, damit die Verbandskasse die Defizite der subventionsberechtigten Gemeinden hätte decken können. Die Subventionsgemeinden mussten ihren Steuerfaktorsatz (auf) *über* einen Franken erhöhen, während andere mit reichlicher Steuersubstanz trotz ihrer Beitragspflicht noch mit 60 Rappen pro Faktor auskamen. Eine Gesetzesänderung drängte sich schliesslich auf, auch weil das neue Steuergesetz von 1919 vom alten System der Steuerfaktoren mit festen Franken- und Rappenbeträgen abgerückt und die heute bekannte 100-prozentige Staatssteuer als Basis auch für den prozentualen Gemeindesteuerfuss eingeführt hatte. Der Kirchgemeindeverband setzte nun den Höchstansatz für die Steuer auf 15 Prozent der Staatssteuer fest, vorsorglich 1 Prozent höher als es die damaligen Bedürfnisse erfordert hätten. – Immer noch aber gab es die drei Kategorien von Verbandsgemeinden: solche, denen die 15% Gemeindesteuer gerade ausreichten; solche, die der Verbandskasse gegenüber beitragspflichtig und so indirekt für die bedürftigen Gemeinden «die gebenden» waren, und schliesslich «die empfangenden» und darum heimlich auch die *gedemütigten* Verbandsgemeinden. – Ein langjähriges Mitglied der Zentralkirchenpflege, der vor einigen Jahren hochbetagt verstorbene alt Oberrichter Albert Heinrich Sieber, hat uns einmal berichtet, wie seine Stammgemeinde Fluntern während des Ersten Weltkrieges sich in die unangenehme Lage versetzt sah, sich unter die «empfangenden» Kirchgemeinden einreihen zu lassen. *Fluntern* hatte in der teuersten Zeit 1918–1920 seine neue Kirche und ihr Pfarrhaus zu bauen und musste sich damit eine Schuld von zwei Millionen aufbürden, deren Verzinsung und gesetzlich auferlegte Tilgung ihren Gemeindehaushalt so belastete, dass mit dem begrenzten Steuerfuss von 15% nicht mehr auszukommen war. Doch statt die Zentralkirchenpflege um Subventionen aus der Verbandskasse – zulasten anderer, «gebender» Gemeinden – ersuchen zu müssen, beschloss die Budgetkirchgemeindeversammlung vom Herbst 1919, im kommenden Jahr 20% Kirchensteuer zu erheben. Und Herr Sieber fügte bei, es sei nicht bekannt, dass sich in Fluntern jemand widersetzt hätte, diese grosszügige Supersteuer aufzubringen – «ehrbar-stolz zu bezahlen», dürfte ein Nicht-Flunterner wohl sagen!

Bereits 1921 genügte auch der zwei Jahre zuvor vorsorglich höher angesetzte Steuerfuss von 15% für den Verband nicht mehr. Die bisherigen Erfahrungen, eingeschlossen wohl auch der Fall Fluntern, veranlassten nun die Zentralkirchenpflege, einen vollständigen Finanzausgleich durch Erhebung einer einheitlichen gesamtstädtischen Kirchensteuer anzustreben und mit dieser Zielrichtung den Entwurf zu einem grundsätzlich neuen Verbandsgesetz vorzubereiten. Sie griff dabei zurück auf einen schon 1915 von der Kirchenpflege Wiedikon aus Not eingereichten Gesetzesentwurf, der im Wesentlichen eine Vereinigung sämtlicher Kirchgemeinden zu einer städtischen Gesamtgemeinde postuliert hatte. Nach langen Beratungen gelangte die Zentralkirchenpflege fast einmütig zur Einsicht, dass es wirklich keinen anderen Weg zu einem absoluten und automatisch funktionierenden Finanzausgleich gebe als die Schaffung einer umfassenden Kirchgemeinde mit Kreisgemeinden nach dem *Stuttgarter Modell:* mit einem einheitlichen Steuerfuss und Finanzhaushalt – eine stadtzürcherische Gesamtkirchgemeinde mit einem Stadtkirchenrat als Parlament und einer siebenköpfigen Stadtkirchenpflege als Exekutive sowie Kreiskirchenpflegen für die Kreisgemeinden, die ihr kirchliches Leben selbständig führen und administrieren sollten. In diesem Sinne kam ein Entwurf der Zentralkirchenpflege zustande. Die Kirchenpflege Neumünster indes, deren Abgeordneten in diesen Gesetzesentwurf-Verhandlungen der Zentralkirchenpflege von Anfang an dezidiert opponierten, erarbeitete gleichzeitig einen eigenen, konservativen Entwurf, der die autonome Selbständigkeit wahrte, aber als Hauptneuerung immerhin die Übertragung der Verwaltung des Steuerwesens von den Gemeinden auf den Verband einräumte. Weil die Zentralkirchenpflege als Nachfolgerin der einstigen Centralkommission neben ihrer Finanzfunktion auch nach Verbandsgesetz nach wie vor in der Behandlung «gemeinsamer kirchlicher Angelegenheiten» nur Anträge an die Kirchgemeinden beschliessen konnte, musste sie ihren Gesetzesentwurf, bevor er als Behördeninitiative der Regierung eingereicht werden konnte, in den Gemeindeversammlungen zur Abstimmung bringen. Alle Kirchgemeinden, ausser derjenigen von Neumünster, stimmten dem Gesetzesentwurf der Zentralkirchenpflege zu – «selbstmörderisch» auch Fluntern, wie Dr. A. H. Sieber maliziös zu bemerken pflegte. Kämpferisch aber reichte auch die Kirchenpflege Neumünster ihren Entwurf als Alternative zu der von den übrigen 12 Verbandsgemeinden gutgeheissenen Behördeninitiative dem Regierungsrat ein. Die Direktion des Innern erarbeitete aus beiden Entwürfen eine Kompromisslösung, die dann in ihrer zweiten Fassung vom Kantonsrat substanziell gutgeheissen wurde und am 3. Dezember 1922 mit Erfolg zur Volksabstimmung gelangte. Als Neuerung brachte dieses zweite Verbandsgesetz für alle stadtzürcherischen Kirchgenossen eine einheitliche Kirchensteuer, nunmehr vom Verband selber erhoben, gestützt jedoch grundsätzlich auf die

Steuerhoheit der Gemeinden. Die Voranschläge, Jahresrechnungen und speziellen Ausgabenbeschlüsse der Gemeinden erhielten fortan erst Rechtskraft durch Genehmigung der Zentralkirchenpflege, Ausgabenbeschlüsse von gewisser Grösse an erst nach dem positiven Ausgang einer Volksabstimmung unter der reformierten Aktivbürgerschaft der ganzen Stadt.

Der Kodifizierung dieser neuen Entscheidungskompetenz der Zentralkirchenpflege war aber mit Bezug auf die beiden der Regierung eingereichten Gesetzesentwürfe noch ein interessantes Gefecht mit verschiedenen Rechtsgutachten vorausgegangen. Es ging um das Problem der *Finanzautonomie* der Kirchgemeinde, konkret um die im Gesetz von 1909 angeordnete «besondere Oberaufsicht» des Bezirksrates über den Kirchgemeindeverband, welche die Direktion des Innern in ihrem ersten Entwurf, die Eingabe von Neumünster berücksichtigend, ins neue Gesetz übernehmen wollte. Praktisch handelte es sich um die auch heute noch bedeutende Frage, ob und mit wie viel Kompetenz ein Verbandsorgan Voranschläge und besondere Kreditbegehren von Verbandsgemeinden oder Kirchgemeindeversammlungs-Beschlüsse mit gewissen Folgekosten zu beanstanden berechtigt sei. Soll dem Verband nur die Möglichkeit eingeräumt werden, Rekurs beim Bezirksrat zu erheben oder einen Verwaltungsprozess anzustrengen, wie der Neumünster-Entwurf postulierte und die Direktion des Innern dementsprechend in ihrem ersten Kompromissentwurf vorsah? In die Kontroverse der Rechtskonsulenten griff dann schliesslich der berühmte Rechtsgelehrte und Universitätsprofessor Dr. Fritz Fleiner massgeblich ein mit einem Antwortschreiben an den Präsidenten der Zentralkirchenpflege, Dr. Jakob Escher-Bürkli, in dem er erklärte: «Billigt man der Zentralkirchenpflege eine Prüfung zu über die Budgets der einzelnen Kirchgemeinden, so ist schon an sich die nächstliegende klarste Lösung die, dass man ihr auch die Entscheidung zubilligt, in welchem Umfang das Ausgabenbudget einer Kirchgemeinde herabzusetzen sei. Denn eine Zentralbehörde ohne eine solche Kompetenz hat nur ein Heft ohne Klinge in der Hand und vermag ihre Verantwortlichkeit nie zu voller Entfaltung zu bringen.» Und aufgrund seiner weiteren Erörterungen erkannte Professor Fleiner allerdings, «dass ein Beschluss der Zentralkirchenpflege, der das Ausgabenbudget einer Kirchgemeinde beschneidet, von der Kirchgemeinde soll angefochten werden können. Die Kirchgemeinde muss als Kläger auftreten und nicht die Zentralkirchenpflege; diese ist die Beklagte. Dabei wird zu erwägen sein, ob man die Beurteilung eines solchen angefochtenen Rekurses nach Errichtung eines zürcherischen Verwaltungsgerichts nicht diesem übertragen und den Bezirksrat ausschalten will.» Diese Auffassung von Prof. Dr. Fleiner hat sich dann in der Regierungsvorlage und im Gemeindegesetz von 1922 durchgesetzt und ist auch in die späteren Verbandsstatuten übernommen worden.

Die gemeinderechtliche Institution «Zweckverband» hatte sich bewährt – seit 1869 vorerst für politische Gemeinden und neuerdings auch in dem Sonderfall für die stadtzürcherischen Kirchgemeinden aufgrund des zweiten Verbandsgesetzes von 1922. Die guten Erfahrungen bewogen den Staat vier Jahre später, den Zweckverband für die Zukunft in dem heute noch in Kraft stehenden Gemeindegesetz von 1926 grundsätzlich und generell zu verankern, und zur Vereinfachung der Gründung sollen Zweckverbände jeder Art von Gemeinden durch Vereinbarung ein Statut erfolgen können, das allerdings der Genehmigung durch den Regierungsrat bedarf. Das Spezialgesetz betreffend den Verband der stadtzürcherischen Kirchgemeinden wurde jedoch mit der Inkraftsetzung des neuen Gemeindegesetzes von 1926 nicht gleichzeitig aufgehoben.

Der Zeitpunkt hiefür kam acht Jahre später mit der auf den 1. Januar 1934 verwirklichten Zweiten Eingemeindung der acht politischen und Schulgemeinden Affoltern, Albisrieden, Altstetten, Höngg, Oerlikon, Schwamendingen, Seebach und Witikon. Auf den gleichen Zeitpunkt gedachte der Verband, auch sieben Kirchgemeinden dieser Vororte, ihrem Interesse entsprechend, in seine Organisation aufzunehmen; Witikon schloss sich der Neumünstergemeinde an. Die Integration der neuen Verbandsgemeinden konnte nun einfacherweise realisiert werden durch die Ausarbeitung eines Statuts, durch welches das Verbandsgesetz ausser Kraft trat und der stadtzürcherische Kirchgemeindeverband von 1909 gewissermassen neu gegründet wurde.

Mitte der siebziger Jahre sodann erforderten verschiedene Probleme eine Statutänderung. In diesem Zusammenhang verlangte seitens der Regierung die Direktion des Innern, dass unser Kirchgemeindeverband die Gewaltentrennung einführe. Diese grundsätzliche Strukturänderung bedingte dann eine *Totalrevision des Verbandsstatuts*, die in den Frühjahrs-Kirchgemeindeversammlungen 1977 von allen Gemeinden angenommen wurde. Seither hat der Verband also zwei Behörden: das legislative Organ, eine Delegiertenversammlung von Gemeindeabgeordneten und einem Vertreter des städtischen Pfarrkonvents mit dem bisherigen Namen «Zentralkirchenpflege» und einem eigenen Präsidium, und als Exekutive den Verbandsvorstand, dessen sieben Mitglieder nicht mehr Mitglied der Zentralkirchenpflege sind. Diese Neustrukturierung unseres Verbandes ist, obwohl sie seit 1977 besteht und funktioniert, noch nicht ins Bewusstsein und in den Sprachgebrauch der Öffentlichkeit, auch mancher Kirchenpflege und anderer Behörden und auch der städtischen Pfarrerschaft eingedrungen, was heute noch zu häufigen behördlichen und personellen Verwechslungen führt. Verwirrend – weil zumeist sachlich doch unzutreffend – ist der vereinfachte synonyme Gebrauch des Namens «Zentralkirchenpflege» oder der Abkürzung «ZKP» sowohl für die Versammlung der Gemeindedelegierten

als auch für die personale Institution oder Körperschaft, den reformierten Kirchgemeindeverband oder «Stadtverband» von Zürich.

Die im Anhang wiedergegebene grafische Darstellung der Verbandsentwicklung zeigt auch das mitgliedermässige Wachstum des reformierten Kirch-
gemeindeverbandes seit 1909 und über die markante Erweiterung von 1934
hinaus mit den nachfolgenden Aufteilungen in den fünfziger und sechziger
Jahren, bis hin, als schliesslich 1977 die Kirchgemeinde Oberengstringen mit
ihrer Ablösung von der Kirchgemeinde Höngg auf Wunsch die 34. Verbandsgemeinde wurde – *ein Sonderfall,* weil diese jüngste Verbandsgemeinde ja
ausserhalb des stadtzürcherischen Territoriums liegt; doch er ist «stammesge-
schichtlich» zu erklären, verständlich und manifest legitimiert.[8]

Im Blick auf die *Weiterentwicklung* unseres stadtzürcherischen Kirchgemeinde-
verbandes in den letzten 50 Jahren, seit er also in einem Statut verfasst ist,
das im Vergleich mit den einstmaligen Verbandsgesetzen, neuen Bedürfnissen
und Aufgaben entsprechend, relativ leicht ergänzt werden kann – was diese
seitherige Entwicklung, die Erweiterung der Wirksamkeit unseres Zweckverbandes anbetrifft, kann nicht unterlassen werden, abschliessend noch einen
besonderen Aspekt zu beleuchten.

Die Schweizerische Evangelische Synode (SES) befasst sich neuerdings in
einer Arbeitsunterlage mit dem Titel «Lebendige Gemeinde» unter anderem
auch mit der Thematik «Die Kirche und (ihr) Geld» – («Wie geben die Kirchen
und Gemeinden (ihr) Geld aus?» – «Geld und Geist»). – Keine Kritik an der SES,
dass sie diese christlich-ethische Problematik aufgreift! Aber die Infragestel-
lung des Umgangs der Kirche mit «ihrem» Geld ist für uns nicht neu. Wird
doch unserem Verband gelegentlich nachgesagt, er würde seine «reichlichen»
finanziellen Mittel vornehmlich in Neubauten, Umbauten und Renovationen
stecken. – Üble Nachrede!

Zur Hauptsache muss doch unser Zweckverband mit rund der Hälfte seiner
Steuereinkünfte den laufenden Haushalt seiner 34 Gemeinden bestreiten, die
vielen Personalbesoldungen und die Gemeindezulagen ihrer Pfarrer inbegrif-
fen. Und ein Drittel bis zwei Fünftel der Steuererträge müssen vom Verband
in seinen eigenen Haushalt eingesetzt werden für Aufgaben, die ihm seit 1934
durch den erweiterten Zweckartikel des Statuts überbunden sind. Unser kirchli-

---

8   Die exterritoriale Verbandszugehörigkeit ist – 1. von der KG Oberengstringen gewollt, –
    2. im Verbandsstatut von 1977 verankert – und 3. von den andern 33 Verbandsgemeinden
    mit der einmütigen Zustimmung zum Statut sanktioniert worden; – sie wurde 4. vom Zürcher
    Regierungsrat, der das neue Statut genehmigt hat, damit auch akzeptiert – und schliesslich
    5. drei Jahre später noch durch die reformierte Aktivbürgerschaft der ganzen Stadt und von
    Oberengstringen bestätigt mit der Bewilligung des Baukredits für den Bau einer Kirche im
    Dorfzentrum von Oberengstringen in der Volksabstimmung vom 30. November 1980 (!).

cher Stadtverband hat eben nicht mehr wie zu seinen Anfangszeiten als einzige Aufgabe nur den Finanzausgleich zwischen den Gemeinden zu gewährleisten. Seit vielen Jahren ist er mehr und mehr verpflichtet zur «gemeinsamen Lösung von kirchlichen Aufgaben zur Förderung von Werken und Institutionen, die im Allgemeinen gesamtstädtischen Interesse liegen und nicht eine einzelne Kirchgemeinde betreffen». Die Verbandsgemeinden haben denn auch im Laufe der Zeit verschiedene diesbezügliche Statutergänzungen immer einmütig gutgeheissen.

Es soll nicht missverstanden werden, wenn wir in dieser Hinsicht einige solche Verbindlichkeiten des Verbandes informationshalber nicht unter den Scheffel stellen:

- die Schaffung des Städtischen *Reformierten* Spitalpfarramtes im Jahre 1946;
- die Ökumenische Beratungsstelle für Ehe-, Familien- und Lebensfragen, die wir zusammen mit dem Stadtverband unserer römisch-katholischen Mitchristen 1977 eröffnet haben;
- den *Diakoniefonds,* den unser Stadtverband 1967 geschaffen hat und seither aus Steuergeldern speist – statutarisch geregelt und abgestützt auf einen neuen Artikel in der kantonalen Kirchenordnung von 1964, der die Verwendung von Kirchensteuergeldern auch hiefür legalisiert hat, nämlich an den Bau von Altersheimen, Alterssiedlungen und Pflegeheimen, an denen Verbandsgemeinden sich beteiligen, Investitions- und auch Renovationsbeiträge zu leisten;

In diesem Zusammenhang darf man auch die 1½ Millionen erwähnen, die in den «bewegten» Jahren 1980 und 1981 für aufbauende Jugendarbeit in den Gemeinden und im Verband in Reserve gestellt worden sind.

Aber nicht nur «innerorts» hat der Verband für sich *soziale Aufgaben in christlich-diakonischem Sinn* erkannt:

- Da wäre zunächst der durch die erwähnte Ergänzung des Zweckartikels erforderliche Rechnungstitel «Kirchliche Verbandsaufgaben» zu nennen, unter dem ausser den verbindlichen Beiträgen an andere kirchliche Institutionen auch freiwillige feststehende Subventionen an etwa 20 christliche Werke ausgerichtet werden – jedes Jahr insgesamt mehrere Millionen.
- Der «Solidaritätsfonds» – eine 1967 vollzogene Abzweigung aus dem «Bau- und Steuerausgleichsfonds» – gewährt Hypothekardarlehen zu äusserst günstigen Zins- und Tilgungsbedingungen an Werke auf dem weiten diakonischen Feld (gewöhnlich gegen 40 solcher Solidaritätsdarlehen im Gesamtbetrag von 7 Millionen).
- Aus dem «Kredit für Ausgaben im Allgemeinen kirchlichen Interesse» (früher «Freier Kredit» genannt) kann die Zentralkirchenpflege für rund eine Milli-

on jährlich an Werke, die in christlichem Sinn und Geist tätig sind, und an neutrale gemeinnützige Institutionen, auch solche, die über die Stadtgrenze hinaus wirken, sowie für kulturelle Aktivitäten zum Teil laufende, zum Teil einmalige Beiträge ausrichten.

- Im Jahre 1964 ist durch eine Statutergänzung der sogenannte «Ökumenekredit» geschaffen worden, aus dem jährlich 1½–2% der budgetierten Steuereinnahmen – durchschnittlich 600 000 Franken – zur Förderung ökumenischer Hilfe im Ausland und im Inland (zum Beispiel an die Patenschaften für bedrängte Berggemeinden) zur Verfügung stehen.

- Und 1968 schliesslich erging von der Vierten Vollversammlung des Ökumenischen Rates der Kirchen in Uppsala der eindringliche Appell, jede Kirche sollte einen bestimmten Anteil ihrer regulären Einkünfte für Entwicklungshilfe in der Dritten Welt einsetzen. Von diesem moralisch verpflichtenden Aufruf des Weltkirchenrates angesprochen, rief der Schweizerische Evangelische Kirchenbund die Aktion «Brot für Brüder» ins Leben, und für die Erfüllung des kirchlichen Gebotes aus Uppsala postulierte er einen jährlichen Beitrag von 5% des Kirchensteuerertrages. Darauf hat der Verband den Statutartikel betreffend den «Ökumenekredit» dahin ergänzt, dass nach «Massgabe der Steuereinnahmen und des eigenen Bedarfs der Verbandskasse der Kredit bis 5% erhöht werden könne». Seither spendet der stadtzürcherische Kirchgemeindeverband Jahr für Jahr zugunsten jeweils einer langen Reihe ausgewählter Entwicklungsprojekte an das gesamtschweizerische Sammelergebnis von Brot für Brüder (Brot für alle) mit rund 1,4 Millionen gut einen Zehntel (1983: 11%).

So gibt der reformierte Kirchgemeindeverband der Stadt Zürich, alle seine diakonischen Hilfen zusammengerechnet, gut *20 Prozent* seines budgetierten Steuerertrages für soziale Aufwendungen aus.

Wie bemerkt, werden unsere Verbandsbehörden oft und manchenorts auf kirchlichem Feld etwas scheel angeschaut und mit einer besonderen christlichen Allüre so leicht und geläufig apostrophiert, sie würden sich nur mit dem Geld befassen und dächten bloss ans Geld. Und man meint so, für unser *kirchliches Verantwortungsbewusstsein* andeutungsweise die Motivation aus Geist in Erinnerung bringen zu müssen. – Mit Fug und Recht darf dazu gesagt werden: Unsere Verbandsbehörden kannten und handelten auch nach dieser geflügelten und heute wieder geflissentlich aufgegriffenen Wort- und Wertverbindung «Geld und Geist», schon lange bevor sie als Propagandaslogan für diakonische Entwicklungshilfe und als Reformappell für einen christlich verantworteten Umgang mit kirchlichem Geld gebraucht wurde. – Auch der 75 Jahre alt gewordene Verband der stadtzürcherischen evangelisch-reformierten Kirchgemeinden kennt seinen Jeremias Gotthelf.

48

Der Verband der stadtzürcherischen evangelisch-reformierten Kirchgemeinden

Die reformierten Kirchgemeinden im Gebiet der Stadt Zürich seit der Reformation bis zum «Verbandsgesetz von 1909 betreffend die 13 stadtzürcherischen Kirchgemeinden»

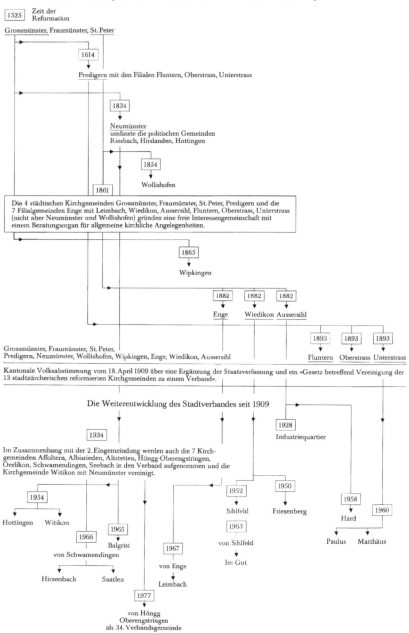

1525 · Zeit der Reformation

Grossmünster, Fraumünster, St. Peter

1614

Predigern mit den Filialen Fluntern, Oberstrass, Unterstrass

1834

Neumünster
umfasste die politischen Gemeinden
Riesbach, Hirslanden, Hottingen

1854

Wollishofen

1861

Die 4 städtischen Kirchgemeinden Grossmünster, Fraumünster, St. Peter, Predigern und die 7 Filialgemeinden Enge mit Leimbach, Wiedikon, Aussersihl, Fluntern, Oberstrass, Unterstrass (nicht aber Neumünster und Wollishofen) gründen eine freie Interessengemeinschaft mit einem Beratungsorgan für allgemeine kirchliche Angelegenheiten.

1865

Wipkingen

1882 · 1882 · 1882

Enge · Wiedikon · Aussersihl

1893 · 1893 · 1893

Grossmünster, Fraumünster, St. Peter,
Predigern, Neumünster, Wollishofen, Wipkingen, Enge, Wiedikon, Aussersihl

Fluntern · Oberstrass · Unterstrass

Kantonale Volksabstimmung vom 18. April 1909 über eine Ergänzung der Staatsverfassung und ein «Gesetz betreffend Vereinigung der 13 stadtzürcherischen reformierten Kirchgemeinden zu einem Verband».

Die Weiterentwicklung des Stadtverbandes seit 1909

1928

Industriequartier

1934

Im Zusammenhang mit der 2. Eingemeindung werden auch die 7 Kirch-
gemeinden Affoltern, Albisrieden, Altstetten, Höngg-Oberengstringen,
Oerlikon, Schwamendingen, Seebach in den Verband aufgenommen und die
Kirchgemeinde Witikon mit Neumünster vereinigt.

1952 · 1950

Sihlfeld · Friesenberg

1954

Hottingen · Witikon

1958

Hard

1960

1966 · 1965

Balgrist

1963

von Sihlfeld

Paulus · Matthäus

von Schwamendingen

1967

von Enge

Hirzenbach · Saatlen

Leimbach

Im Gut

1977

von Höngg
Oberengstringen
als 34. Verbandsgemeinde

Martin Leonhard

100 JAHRE REFORMIERTER STADTVERBAND – GESCHICHTE UND GESCHICHTEN

Von der Zentralkasse zum modernen Dienstleister

Not auf der einen, Überfluss auf der anderen Seite waren der Grund, dass im Jahr 1909 der Verband der Stadtzürcher evangelisch-reformierten Kirchgemeinden gegründet wurde. Unmittelbarer Anstoss gab damals die prekäre finanzielle Lage der Kirchgemeinden Aussersihl und Wiedikon. Wegen des fulminanten Bevölkerungswachstums in diesen Gemeinden hatten beide kurz vor 1900 ihre alten Bethäuser durch neue, grosse Kirchen ersetzt – die Johanneskirche im Industriequartier, die St. Jakob-Kirche beim Stauffacher und die Bühlkirche in Wiedikon – und sich dabei finanziell übernommen. Trotz höchstem Steuersatz waren sie nicht mehr in der Lage, alle Aufgaben aus eigener Kraft zu finanzieren. Das gleiche Schicksal befürchteten auch die Kirchgemeinden Oberstrass und Wipkingen, deren Bethäuser ebenfalls längst zu eng geworden waren. Andere Gemeinden wie zum Beispiel St. Peter, Neumünster oder Enge waren dagegen so wohlhabend, dass sie nur alle zwei oder drei Jahre Steuern einziehen mussten.[1]

Ab 1904 prüfte eine Arbeitsgruppe der «Zentralkommission», einer seit 1894 bestehenden Gesprächsplattform der städtischen Kirchgemeinden, verschiedene Sanierungsvarianten. Geleitet wurde sie von Conrad Escher vom Glas

---

1 Zur Geschichte und Historiographie des Verbands: Eduard C. Rübel, Der kommunale Zweck-verband nach zürcherischem Recht mit besonderer Berücksichtigung des Verbandes der stadt-zürcherischen reform. Kirchgemeinden, Diss. Universität Zürich, Aarau (1936); Albert Heinrich Sieber, Fünfzig Jahre Verband der stadtzürcherischen evangelisch-reformierten Kirchgemeinden, 1909–1959, Zürich 1960; 75 Jahre Verband der stadtzürcherischen evang-lisch-reformierten Kirchgemeinden, Jubiläumsschrift 1909–1984, Zürich 1984.

(1833–1919), der bereits bei der ersten Stadtvereinigung 1893 federführend gewesen war. 1906 präsentierte sie den Kirchgemeinden zwei Lösungsvorschläge: Entweder sollten sich die städtischen Kirchgemeinden nach dem Vorbild der politischen Gemeinden 1893 zu einer Gesamtkirchgemeinde zusammenschliessen und damit ihre Selbständigkeit ganz aufgeben, als Variante allenfalls wie bei der Kirchgemeindefusion in Bern 1875 innerhalb einer Stadtkirchgemeinde noch eine gewisse Eigenständigkeit bewahren; oder dann aber einen Verband gründen, der als Haupttätigkeit eine von den besser gestellten Gemeinden gespeiste «Zentralkasse» führt, aus deren Mitteln innerhalb von vierzig Jahren die Bauschulden der bedürftigen Gemeinden saniert werden sollten. Die Fusionsideen hatten bei den Kirchgemeinden keine Chance. Da die kantonale Verfassung Gemeindezweckverbände noch nicht vorsah, reichte die Zentralkommission 1907 neben der Gesetzesgrundlage für den Stadtverband als Behördeninitiative auch einen Vorschlag zu einer entsprechenden Verfassungsänderung ein. Im Abstimmungskampf präsentierten die Befürworter, das «liberale Zentralkomitee», die Vorteile der Vorlage, indem sie an die Stadtvereinigung erinnerten: «Die gleichen Verhältnisse, die 1893 zur Vereinigung der Ausgemeinden der ehemaligen Stadt Zürich mit dieser selbst in Hinsicht auf die allgemeine Verwaltung und die Schule geführt, machen sich jetzt auch auf kirchlichem Gebiete geltend. Mehrere der selbständig gebliebenen Kirchgemeinden können die Lasten, welchen ihnen aus der Erfüllung ihrer landeskirchlichen Pflichten erwachsen, nicht mehr tragen. Das neue Gesetz will ihnen durch Steuerzuschüsse der besser gestellten Kirchgemeinden der Stadt Zürich die nötige Hilfe bringen ...»[2] Am 18. April 1909 bewilligte das Zürcher Stimmvolk die beiden weitgehend unbestrittenen Vorlagen mit grossem Mehr – ein Umstand, den auch die «Neue Zürcher Zeitung» am nächsten Morgen mit Befriedigung zur Kenntnis nahm: «Möge diese Abstimmung ein gutes Vorzeichen sein für das Werk des Entgegenkommens und der brüderlichen Hilfe, das den Inhalt des neuen Gesetzes bildet.»[3]

In seiner Frühzeit arbeitete der Verband mit einfachen Mitteln. Entscheidungen fällte die von einem Präsidenten geführte Zentralkirchenpflege, in die alle Kirchgemeinden zwei Vertreter wählten. Wie früher in der Zentralkommission wurde auch hier über gemeinsame Anliegen gesprochen. Alle Gemeinden, die aus der gemeinsamen Kasse Geld bezogen, mussten ihre Budgets und Rechnungen von der Rechnungsprüfungskommission prüfen lassen, die sie dann dem Bezirksrat weiterreichte. Die konkrete Verbandsarbeit erledigte ein Verwalter: Heinrich Bucher-Geisser, der erste Verwalter, war hauptberuflich in der kantonalen Finanzdirektion als Staatsbuchhalter, d. h. Leiter der Buchhaltung

2   NZZ Nr. 105, 16.4.1909.
3   NZZ Nr. 108, 19.4.1909.

beschäftigt. Er dürfte sein Amt zu Hause oder in seinem Büro erledigt haben; eine Geschäftsstelle gab es noch nicht.[4]

In der Praxis bewährte sich das Modell der Zentralkasse nur bedingt – die Steuern in den subventionierten Kirchgemeinden blieben hoch. Deswegen regte die Zentralkirchenpflege 1919 an, die Kirchgemeinden zu einer Stadtgemeinde zu vereinigen – ein Vorschlag, der nicht bei allen Kirchgemeinden gut ankam. Schliesslich fand der Kanton einen Kompromiss: Anstelle der einzelnen Kirchgemeinden sollte fortan ein neu verfasster Stadtverband alle Kirchensteuern zu einem stadtweit einheitlichen Steuersatz einziehen und aufgrund der von ihm geprüften Budgets der Kirchgemeinden wieder verteilen. Ein entsprechendes Verbandsgesetz nahmen die kantonalen Stimmbürger am 2. Dezember 1922 mit 56% Ja-Stimmen an.

Gerade für die ärmeren Gemeinden, die für ihre dringend notwendigen Bauvorhaben kaum mehr an Kredite herangekommen waren und an allen Ecken und Enden sparen mussten, brachte die Rückendeckung durch den Verband eine grosse Entlastung. Grössere Ausgabenposten konnten zwar nun nicht mehr allein durch eine Abstimmung in der Kirchgemeindeversammlung beschlossen werden, sondern mussten an der Urne allen reformierten Stimmbürgern der Stadt vorgelegt werden. Bauprojekte der Gemeinden wurden neu durch die Baukommission, ein Fachgremium des Stadtverbands begleitet, was nicht ohne Wirkung auf die Art und Qualität des kirchlichen Bauens blieb.

Dynamisches Wachstum prägte in den folgenden Jahren und Jahrzehnten den Verband. 1934 stiessen mit der zweiten Eingemeindung sieben Verbandsmitglieder hinzu: Albisrieden, Altstetten, Höngg, Affoltern, Seebach, Schwamendingen und Oerlikon. Mit der starken Bevölkerungszunahme in den 1950er und 1960er Jahren erweiterte sich der Kreis durch die Aufteilung von Gemeinden bis 1966 auf 33 Mitglieder. Als vorläufig letztes Mitglied wurde 1977 Oberengstringen aufgenommen, das sich von der Kirchgemeinde Höngg getrennt hatte.

Im Jubiläumsjahr 2009 unterhält der reformierte Stadtverband teilweise in Verbund mit der Landeskirche und der katholischen Kirche eine ganze Reihe von Fachstellen und Werken, welche die Kirchgemeinden in ihrer Arbeit unterstützen. Fast alle wurden nach 1980 gegründet oder als unabhängig gewachsene Projekte übernommen und weitergeführt – die meisten nach der Jahrtausendwende. Das städtische *reformierte Spitalpfarramt* wurde als ältestes Werk 1946 von der Zentralkirchenpflege gegründet. Um die Kirchgemeinden zu entlasten, übernahm dieses für sie die seelsorgerische Betreuung in verschiedenen Zür-

---

4 Amtsblatt des Kantons Zürich 1909, 186–194: Volksabstimmung vom 18.4.1909, Gesetz betreffend den Verband der stadtzürcherischen reformierten Kirchgemeinden.

cher Privatspitälern und Pflegeheimen. Mit dem Bau der Stadtspitäler Waid 1953, Triemli 1970 und der verschiedenen städtischen Pflegezentren wurde dieses Angebot laufend ausgebaut.

1980 wurden auch der bis dahin als Verein organisierte Kirchliche Sozialdienst Zürich, die frühere Zentralstelle für kirchliche Gemeindearbeit, in eine Stiftung überführt. Seit ihrer Gründung 1918 hatte sie eng mit den Gemeinden und dem Stadtverband zusammenarbeitet, um so das breite Angebot an sozialen Dienstleistungen – von der Budget-, Wohn- und Sozialberatungsstelle bis zu einem Männerheim – langfristig zu sichern.

Im Jahr 1977 nahm die Ökumenische Beratungsstelle für Ehe-, Familien- und Lebensfragen (heute Paarberatung Zürich), drei Jahrzehnte nach dem Spitalpfarramt, die Arbeit auf. Die Trägerschaft übernahmen der reformierte und der katholische Stadtverband gemeinsam. Die Beratungsstelle schloss an die Arbeit an, die früher die katholische Eheberatung und die 1948 von der Kirchensynode gegründete «Beratungsstelle für Brautleute, Ehe- und Familienfragen» geleistet hatten. Beide waren 1974 geschlossen worden.[5]

Eine Zäsur in der Geschichte des Stadtverbands markierten die Zürcher Jugendunruhen von 1980.[6] Für weite Bevölkerungskreise überraschend, begannen diese an einem lauen Freitagabend Ende Mai 1980. Etwa 200 Jugendliche demonstrierten vor dem Zürcher Opernhaus gegen die städtische Kulturpolitik, worauf die Polizei die Versammlung mit Gewalt auflöste. Während der ganzen Nacht kam es zu Zusammenstössen in der Stadt: Schaufensterscheiben wurden eingeschlagen, Fassaden versprüht und Geschäfte geplündert – ein Vorgang, den es bis dahin noch nie gegeben hatte. In den nächsten Tagen und Wochen folgten weitere Demonstrationen, bei denen manchmal mehrere tausend Jugendliche ihre Forderungen nach kulturellen Freiräumen oft mit sehr unkonventionellen Mitteln und in einer radikal-dissidenten Form stellten. Nach einem Monat gaben die Behörden nach und stellten der «Bewegung» eine Liegenschaft an der Limmatstrasse als Alternatives Jugendzentrum (AJZ) zur Verfügung. Die Demonstrationen gingen weiter, insbesondere nachdem das AJZ anfangs September nach nur drei Monaten von der Polizei wieder geschlossen worden war.

Während der Stadtverband zu den Unruhen zuerst schwieg, ermahnte der Kirchenrat Mitte September die Kirchgemeinden, Pfarrer und alle in der Kirche Beschäftigten, der gesellschaftlichen Polarisierung entgegenzuwirken und sich

5 Tagblatt der Stadt Zürich, 4.10.1975.
6 Allg. zu den Zürcher Jugendunruhen: Thomas Kunz, Das Zürcher Jugendhaus Drahtschmidli, Entstehung und Entwicklung, Diss. Universität Zürich, Zürich 1993; Heinz Nigg, Wir wollen alles, und zwar subito!, Die Achtziger Jugendunruhen in der Schweiz und ihre Folgen, Zürich 2001; Hanspeter Kriesi, Die Zürcher Bewegung – Bilder, Interaktionen, Zusammenhänge, Frankfurt 1984.

für die Versöhnung zwischen der verunsicherten und teilweise erzürnten Bevölkerung und den demonstrierenden Jugendlichen zu engagieren.[7] Eine erste Bewährungsprobe stellte der Heilige Abend 1980 dar, auf den die «Bewegung» unter dem Motte «kein AJZ – no Weihnacht» zu einer «Demo» aufrief. Als Alternative luden darauf der katholische und der reformierte Stadtverband die Jugendlichen zu einem friedlichen Weihnachtsfest in der Roten Fabrik ein. Nur wenige Jugendliche nahmen das Angebot an. Um eine Eskalation zu vermeiden, stellten sich zudem Prominente wie Adolf Muschg oder der Obdachlosenpfarrer Ernst Sieber an die Spitze des Demonstrationszugs, der zum geschlossenen AJZ führte. Der Abend endete dennoch mit Krawallen.[8]

Auf der Suche nach einem Ausweg aus der verfahrenen Situation verhandelte die Stadt hinter den Kulissen bereits seit November 1980 mit dem Kirchenrat, der Zentralkommission der katholischen Kirche und der Pro Juventute, um eine unabhängige Trägerschaft für ein Jugendzentrum in der Roten Fabrik zu finden. Nach der kirchlichen Weihnachtsaktion stiessen auch Vertreter der beiden Stadtverbände und der städtischen Pfarrerschaft beider Kirchen hinzu. Anfang März 1981 beriet die Zentralkirchenpflege in einer ausserordentlichen Sitzung über die Vorschläge der Gesprächsgruppe, dass Kirche und Pro Juventute die Trägerschaft eines Jugendhauses in der Roten Fabrik oder eines wiedereröffneten AJZ übernehmen sollten. Der Vorstand des reformierten Stadtverbandes hatte diesbezüglich grosse Vorbehalte: Neben der «grossen Schar» von Jugendlichen, die sich in der Gesellschaft unwohl fühlten und verzweifelt seien, gebe es auch «bösartige Komponenten» und «militante Krawallisten», die «bandenmässig und zielbewusst mit ihren Aktionen grossen Schaden» stifteten. Diese «Paraterrorismus betreibenden Chaoten» dürfe die Kirche mit ihrem Engagement nicht unterstützen. Anfang März diskutierte die Zentralkirchenpflege ihre Haltung und entschied, sich an einer Trägerschaft des AJZ nicht zu beteiligen, jedoch ein allfälliges Projekt in der Roten Fabrik oder andere regionale Jugendarbeit zu unterstützen.[9] Anfang April 1981 wurde das AJZ ohne Beteiligung des Stadtverbandes wieder eröffnet. Obdachlose, Alkohol- und Drogensüchtige liessen das Experiment jedoch scheitern. Am 17. März 1982 gab die Trägerschaft auf, und die Stadt liess das Haus räumen und abbrechen.

Angesichts der wachsenden Drogenprobleme auf den Strassen unterstützte die Zentralkirchenpflege seit April 1981 kirchliche und nichtkirchliche Institutionen, die sich um obdachlose oder drogenkranke Jugendliche kümmerten. Im Februar

---

7   NZZ, 13.9.1980.
8   Tages-Anzeiger, 27.12.1980.
9   Prot. Zentralkirchenpflege (ZKP) 1978/82, Nr. 126 (11.3.1981).

1982 reservierte sie Geld für den Aufbau einer Drogenentzugsstation für Jugendliche – ein Projekt, das nie realisiert werden konnte. Schliesslich bewilligte sie einen Kredit für den Aufbau der Jugendarbeit in den Verbandsgemeinden.[10] In der Geschichte des Stadtverbands war das ein Wendepunkt.

Ende 1985 gründete der Stadtverband *die Kirchliche Arbeitsstelle für Jugendseelsorge und Jugendfragen.* Die ihr gestellten Aufgaben lauteten: Bedürfnisse und Anliegen von Jugendlichen ermitteln, die Kirche in Jugendfragen beraten und seelsorgerische und beratende Angebote für Jugendliche aufbauen.[11] In der Anfangszeit richtete die Fachstelle zum Beispiel einen *Stiftenhöck* für Gewerbeschüler am Limmatplatz ein, organisierte Skilager, veranstaltete gelegentlich einen «jugendgemäss strukturierten» Gottesdienst oder klärte die Frage eines Jugendhauses mit christlicher Trägerschaft im Drahtschmidli.[12] Seit 1989 heisst die Arbeitsstelle *Fachstelle Kirche + Jugend* und bildet ein festes Angebot des Stadtverbands.[13] Ein Schwerpunkt ihrer Arbeit lag seither auf der Koordination der Jugendarbeit in den Verbandgemeinden. Regelmässig organisierte sie für Jugendbeauftragte in den Gemeinden die Weiterbildungsveranstaltung «Boxenstopp». Schliesslich entwickelte sie sich zu einem Kompetenzzentrum im Bereich der Suizidprävention und der Betreuung von Hinterbliebenen nach Suiziden.[14]

Von der Fachstelle Kirche + Jugend gingen u. a. auch Impulse für das als «Kirche am Weg» konzipierte Jugendprojekt streetchurch aus. 2004 startete sie mit jugendgerechten Gottesdiensten, baute aber situationsbedingt bald ein breites sozialdiakonisches Angebot für Jugendliche auf.

Wie die *streetchurch* wurden auch die 2001 bzw. 2007 eröffnete Bahnhofkirche und die Kirche im Einkaufszentrum Sihlcity als «Kirche am Weg» konzipiert, welche den Menschen entgegenkommt in ihrem Alltag und nicht wartet, bis diese kommen. An beiden Orten finden Besucherinnen und Besucher unabhängig von ihrer Religion einen Ort zur stillen Einkehr oder die Möglichkeit zu einem Gespräch mit einer Seelsorgerin oder einem Seelsorger. Bau und Betrieb wurden und werden von der reformierten, der römisch-katholischen und im Falle der Sihlcity-Kirche der christkatholische Kirche gemeinsam finanziert.

Auch die Trägerschaft der 2003 übernommenen SMS- und Internetseelsorge sowie der 1999 gegründeten Polizei- und Sanitätsseelsorge ist ökumenisch. Als vorläufig letzte Einrichtung eröffnete der Stadtverband 2008 im Kirchgemeindehaus Wipkingen ein *Zentrum für Migrationskirchen.* Aufgabe dieses Zentrums

---

10 Prot. ZKP 1978/82, Nr. 134–135 (24.4.1981), Nr. 164–166, (12.2.1982), 1982/86, Nr. 48 (25.3.1983).
11 Prot. ZKP 1982/86, Nr. 195 (18.12.1985) u. 1986/90, Nr. 17 (28.11.1986).
12 NZZ, 19.1.1989.
13 Prot. ZKP 1986/90, Nr. 135 (27.9.1989).
14 Prot. ZKP 1982/86, Nr. 195.

ist es, die in der Stadt tätigen reformierten Schwesterkirchen aus aller Welt untereinander und mit den städtischen Kirchgemeinden besser zu vernetzen.

Seit seinem Bestehen mussten sich der reformierte Stadtverband und die Gemeinden immer wieder den sich wandelnden, lokal unterschiedlichen demographischen und sozialen «Umweltbedingungen» stellen. So richteten sie in den 1920er und 1930er Jahren in den «neuen» Quartieren von 1893 wegen des Bevölkerungswachstums in rascher Folge zusätzliche Kirchen und Kirchgemeindehäuser ein, während sich gleichzeitig in der Altstadt wegen der Abwanderung der Bevölkerung die Kirchen leerten. Schon 1912 und dann v. a. in den 1930er Jahren wurde intensiv darüber diskutiert, ob die vier Altstadtgemeinden nicht besser zu einer grossen Kirchgemeinde zusammengelegt werden sollten.[15] Schliesslich fand sich eine andere Lösung: Durch Grenzverschiebungen zu Lasten umliegender Gemeinden wurden die besonders betroffenen Altstadtgemeinden 1941 und 1950 vergrössert.

Zwischen 1950 und 1970 boomte die Stadt in Quartieren wie Schwamendingen, Altstetten oder im Balgrist, danach auch in Witikon. Gemeinden wurden geteilt und die entsprechende Infrastruktur erstellt. 1960 erreichte die reformierte Bevölkerung in der Stadt mit 266 000 Personen ihren Höchststand, um danach bis 2008 dramatisch, aber in den letzten Jahren mit einer leicht abflachenden Tendenz, auf 97 000 zurückzugehen. Das ist eine deutliche Verminderung im Vergleich zum Gründungsjahr des Stadtverbands, als die Zahl bei ca. 140 000 lag. Im gleichen Zeitraum nahm auch der Anteil der protestantischen Bevölkerung ab. 1960 waren noch 60% aller Zürcherinnen und Zürcher reformiert. 2008 stellten sie nur noch einen Anteil von 27% an der Gesamtbevölkerung. Demgegenüber sank der Anteil der Katholiken und Katholikinnen nur leicht von 35% auf 30%. Am stärksten nahm der Anteil von Konfessionslosen (2000: 22%) und Angehörigen anderer Religionen zu – von 4% im Jahr 1960 auf 42% im Jahr 2008. Diese Entwicklung erklärt sich u. a. aus dem Sterbeüberschuss in der reformierten Bevölkerung, deren Abwanderung in Agglomerationsgemeinden und der Zuwanderung von mehrheitlich nicht protestantischen Bevölkerungsgruppen aus dem Ausland.[16]

Die reformierte Kirche hat auf diese Entwicklung mit verschiedenen Lösungskonzepten reagiert. Peter Vogelsanger (1912–1995), Pfarrer am Fraumünster, beispielsweise griff 1973 zuerst kirchenintern, dann öffentlich in einer Denkschrift die Idee wieder auf, die vier Kirchgemeinden der Altstadt, die für ihre

---

15 NZZ, 3.8.1912; 23.8.1932, 24.1.1938, 22.7.1939.
16 Charles Landert und Martina Brägger, Verband der stadtzürcherischen evangelisch-reformierten Kirchgemeinden («Stadtverband»), Aufnahme und Analyse des Ist-Zustandes, Manuskript 2009, 19–24 und Anhang A1–A5.

schrumpfenden Gemeinden alle einen eigenen Verwaltungsapparat unterhiel-
ten, zu einer Altstadtgemeinde zusammenzufassen. Angesichts der besonderen
Lage, der historischen Tradition und der Anziehungskraft dieser Kirchen über
die Altstadt hinaus präsentierte er die Vision, in der Predigerkirche ein kirchliches Jugendzentrum, im St. Peter eine evangelische Akademie, im Fraumünster
ein ökumenisch geführtes Zentrum der Hochschulseelsorge einzurichten und
das Grossmünster als «Mutterkirche Zürichs» zum Mittelpunkt der neuen Altstadtgemeinde mit einer über die Innenstadt hinaus reichenden «Innenstadt-
seelsorge» zu machen. Das Konzept stiess auf Resonanz – umgesetzt wurde
es aber nicht.[17]

1996 übertrug Anselm Burr, Pfarrer am St. Jakob, im Rahmen einer Aus-
stellung in der Wasserkirche das ab Mitte der 1980er Jahre entwickelte und in
verschiedenen europäischen Städten erprobte Modell der City-Kirche auf die
Stadt Zürich. Auch hier sollten einzelne Kirchen in der Innenstadt werktags für
Passantinnen und Passanten geöffnet und mit Veranstaltungen ein breiteres
Publikum angesprochen werden. Vogelsangers Idee einer vereinigten Altstadtgemeinde aufgreifend schlug er vor, beidseits der Limmat in der Innenstadt
je eine Kirchgemeinde mit St. Peter und Grossmünster als Zentrum zu bilden.
Das Fraumünster reservierte er für repräsentative Anlässe und Sonntagspre-
digten. Die Kirche St. Jakob, die er bereits seit 1991 probeweise geöffnet hatte,
sollte schliesslich zusammen mit der Predigerkirche von einer ökumenischen
Trägerschaft als City-Kirchen betrieben werden.[18] Im selben Jahr nahm die *City-
Kirche Offener St. Jakob*, vorerst als Projekt der Kirchgemeinde Aussersihl, den
definitiven Betrieb auf.

Seit 1998 ist die Predigerkirche auch werktags zugänglich. Sie lädt täglich
zur Morgenmeditation und einem Mittagsgebet, einmal wöchentlich zu einem
Konzert nach Feierabend. Jeden Nachmittag bietet sich Besucherinnen und Besuchern die Gelegenheit zu einem seelsorgerlichen Gespräch – seit 2005 auch
mit einem katholischen Priester. Einem ähnlichen Konzept folgen auch die 2001
bzw. 2007 eröffnete Bahnhofkirche und die Kirche im Einkaufszentrum Sihlcity.
Interessant ist schliesslich auch das Projekt *familien-kirche* der Quartierkirche
Zürich-Friesenberg, die seit 2001 in ihren Räumlichkeiten einen Mittagstisch und
einen Müttertreff beherbergt und regelmässig Anlässe für Kinder veranstaltet.[19]

Auch die Zentralkirchenpflege und der Verbandsvorstand haben sich im
Verlauf der 1990er Jahre mit der Zukunft der Kirchgemeinden und des Ver-

17 Peter Vogelsanger, Kirche in der Innenstadt, ZH 1973; Tages-Anzeiger, 3.4.1973; NZZ,
    11.3.1973, 14.3.1973.
18 Anselm Burr, Im Fluss, City-Kirchen in Europa – und in Zürich?, Zürich 1996; NZZ, 9.4.1996,
    23.11.1996.
19 Kirchenbote Zürich, 29.2.2008.

bands beschäftigt: Wie liessen sich der Mitgliederverlust und deren Folgen für die Gemeinden auffangen? Und wie würden sich Veränderungen der verfassungsrechtlichen und gesetzlichen Rahmenbedingungen für die Kirche nach einer Entflechtung von Kirche und Staat, wie sie eine Expertenkommission des Kantons und der beiden Landeskirchen nach der Ablehnung der Volksinitiative «Trennung von Kirche und Staat» 1995 prüfte, auf die zukünftige Arbeit des Stadtverbands und seiner Verbandsgemeinden auswirken? Im Jahr 2000 führte der Verbandsvorstand in den Kirchenpflegen eine Umfrage durch, wie und unter welchen Bedingungen sie sich eine engere Kooperation untereinander vorstellen könnten. Ende 2006 gab die Zentralkirchenpflege grünes Licht für den Reformprozess. Eine externe Fachstelle wurde beauftragt, im Rahmen einer «Ist-Studie» zu untersuchen, wie sich die 34 Kirchgemeinden und der Stadtverband organisierten, welche Aufgaben sie auf dem Hintergrund des neuen kantonalen Kirchengesetzes[20] und der im September 2009 zur Abstimmung anstehenden und 2010 in Kraft tretenden Kirchenordnung («Kirchenverfassung») künftig wahrzunehmen hätten und wie gut sie diese bereits erfüllten.

Anfang 2009 lag die Studie vor.[21] Bezüglich der Zahl der Kirchgemeinden in der Stadt kam sie zum Schluss, dass, sollte der von der Trendforschung bis 2025 prognostizierte Mitgliederrückgang auf ca. 80 000 eintreten, verschiedene Kirchgemeinden in absehbarer Zeit zu klein sein würden, um ihren Kernauftrag nachhaltig erfüllen zu können. Nach Abschluss der Reform sollte, so die Empfehlung, die Zahl der Kirchgemeinden bei «etwas über der Hälfte» der heutigen 34 liegen, welche durchschnittlich 4000–6000 Mitglieder umfassten. In den Direktbefragungen zeigte es sich, dass in betroffenen Kirchgemeinden oft Vorbehalte gegenüber einer Fusion bestehen. Verantwortliche befürchten, dass «ihr» Quartier in einer neuen Kirchgemeinde nicht mehr so gut versorgt wäre oder «ihre» Kirche dereinst geschlossen werden könnte. Immerhin 18 der 34 Kirchgemeinden stehen einer Fusion neutral oder positiv gegenüber. Wie schwierig ein solcher Prozess sein kann, zeigt das Beispiel der Kirchgemeinden Oberstrass und Fluntern. Im Hinblick auf eine Fusion trafen die beiden Gemeinden 2007 eine Grundsatzvereinbarung, die aber wegen Differenzen auf November 2009 wieder gekündet wurde.[22]

Handlungsbedarf wurde auch bei den Organen des Stadtverbands entdeckt: Um demokratischen Massstäbe einzuhalten, müssen – so die Empfehlung – die

---

20 Kirchengesetz (KiG) vom 9.7.2007, publ. in: Amtsblatt des Kantons Zürich, 29/2007, 1247–1264.
21 Charles Landert und Martina Brägger, Verband.
22 NZZ, 31.10.2007; Grundsatzvereinbarung zwischen der ev.-ref. Kirchgemeinde Zürich-Fluntern und der ev.ref. Kirchgemeinde Zürich-Oberstrass betr. übergemeindliche Zusammenarbeit, 25.9.2007/4.10.2007; Internetmitteilung des Sekretariats der beiden Kirchgemeinden Fluntern und Oberstrass, Frühjahr 2009.

Kirchgemeinden in der Zentralkirchenpflege entsprechend ihrer Mitgliederzahl vertreten sein und die Mitglieder ein Initiativ- und Referendumsrecht erhalten. Die Geschäftsstelle wiederum sei so umzugestalten, dass sie als professionelles und effizientes Dienstleistungsunternehmen die Kirchgemeinden etwa durch Übernahme der Finanz- und Liegenschaftsverwaltung optimal unterstützen könne und die Aufgaben zwischen ihr und den Gemeinden einheitlich und klar geteilt seien. Auch die gesamtstädtischen Angebote und Werke, welche die Kirchgemeinden in ihrer Arbeit unterstützten, müssten auf Doppelspurigkeiten überprüft und mit bestehenden Angeboten der Landeskirche abgeglichen werden.

Am 17. Juni 2009 nahm die Zentralkirchenpflege die Ergebnisse der Studie zur Kenntnis und stimmte den Schlussfolgerungen zu: Die vorgeschlagenen Reformen seien sofort in Angriff zu nehmen. Bis Ende 2010 sollen die Kirchgemeinden als Entscheidungsgrundlage einen Überblick über Liegenschaften, Personal, Finanzen und die zu erwartende Aufwand- und Ertragsentwicklung erhalten. Zudem sollen verschiedene Modelle für die Gebietsreform, darunter auch das auf einer offenen Plattform zu diskutierende Modell einer vereinigten Stadtgemeinde auf Vor- und Nachteile hin geprüft und ein Grundsatzentscheid getroffen sein. Danach wird mit den Kirchgemeinden bis Herbst 2011 die zukünftige Landkarte der Stadtzürcher Gemeinden erarbeitet, die dann voraussichtlich bis 2016 umgesetzt werden wird. Bis 2012 soll schliesslich die zukünftige Verbandsstruktur, die Ausgestaltung der Geschäftsstelle mit ihren zentralen Diensten und gesamtstädtischen Angeboten und Institutionen zur Entscheidung reif sein.[23]

Kirchen bauen in Zürich

Seit frühester Zeit ist die Kirche im öffentlichen Raum mit ihren Bauten präsent. Kommunale Gemeinschaften definieren sich gegen aussen oft über «ihre» Kirche. Kirchliche Bauten sind Identifikationspunkte und Postkartensujets zugleich. In der Schweiz gibt es nur wenige Institutionen, die über eine so breite Erfahrung mit dem Bau und Unterhalt von Kirchen, Kirchgemeindehäusern und anderen kirchlichen Bauten verfügen wie der Zürcher Stadtverband.

Mit der neuen «Verfassung» von 1922 hatte dieser im Namen der Kirchgemeinden nicht nur den Bezug der Kirchensteuern und deren Verteilung übernommen, sondern auch die Kontrolle der Ausgaben. Alle Kirchgemeinden, nicht nur die subventionierten, legten ihre Budgets und Rechnungen der Zentralkirchenpflege vor. Ohne deren Einverständnis konnten keine grösseren Kredite aufgenommen werden. Besonders aufmerksam begleitete der

---

23 «Reformkommission», Bericht und Anträge zu Handen der Zentralkirchenpflege, a. o. Sitzung am 17. Juni sowie ordentliche Sitzungen am 1. Juli und 16. Sept. 2009, 6.5.2009.

Verband die Bauvorhaben. Diese Aufgabe übernahm die 1922 geschaffene sieben- bis zehnköpfige Baukommission. In diesem Fachgremium sassen der Stadtbaumeister, Architekten, Bauunternehmer und ein bis zwei Vertreter der Zentralkirchenpflege oder Verbandsleitung. Wenn eine Gemeinde den Bau einer Kirche, eines Kirchgemeinde- oder Pfarrhauses in Angriff nahm, wurde sie von Anfang an von zwei Baukommissionsmitgliedern begleitet. Sie nahmen oft schon in der Jury des Architekturwettbewerbs Einsitz, danach in der Gemeindebaukommission. Nach Prüfung eines Projekts und Annahme durch die Kirchgemeindeversammlung wurde dieses an der Urne allen reformierten Stimmberechtigten der Stadt vorgelegt. Vom Baubeginn an behielt die Kommission die Ausgaben im Auge, bewilligte allfällige Planänderungen und hatte das letzte Wort in technischen Fragen.

Seit 1922 wurden in Zürich rund zwanzig reformierte Kirchen und zahlreiche Kirchgemeinde- und Pfarrhäuser gebaut – die meisten vor 1970.[24] Der erste derartige Bau, den der Stadtverband zumindest in der Endphase begleitete, war das 1925 eingeweihte Zwinglihaus in Wiedikon an der Ämtlerstrasse. Das markante L-förmige Gebäude im Monumentalstil vereinigt unter einem Dach eine Kirche mit einem dreischiffigen Predigtraum im ersten Stock (!), der über tausend Personen fasst und über eine breite Treppe erreicht werden kann, sowie quer stehend dazu einen Wohntrakt mit grosszügigen Räumlichkeiten für Unterricht, Pfarrer und Gemeinde. Auf Turm und Kirchenglocken wurde aus Spargründen verzichtet.

Die Planung für das *Zwinglihaus* begann 1911, als die Kirchgemeinde den Bauplatz erwarb. 1914 schrieb sie unter den in Zürich sesshaften Architekten einen Wettbewerb aus. Im Preisgericht sassen neben dem Pfarrer von Wiedikon u. a. der Berner Münsterbaumeister Karl Indermühle, ein Protagonist des neuen Heimatstils, sowie Eduard Joos, der in Bern das Bundeshaus-Nord und die Schweizerische Nationalbank am Bundeshausplatz erbaut hatte. Aus den achtzig eingereichten Vorschlägen wählte die Jury das Projekt der Brüder Alfred und Heinrich Bräm aus, die aus Wiedikon stammten und kurz zuvor für die Stadt das Schulhaus Letten in Wipkingen realisiert hatten. Wegen des Krieges musste der Bau vorerst verschoben werden. Erst 1917, als die Gemeinde davon ausging, dass die Kirchgemeinden der Stadt bald zu einer einzigen Stadtgemeinde vereinigt würden, legte sie das Projekt der Kirchgemeindeversammlung vor. Wegen der schwierigen finanziellen Lage der Gemeinde, die nach wie vor Subventionen empfing und deren Ausgaben unter der Kontrolle der Zentralkirchenpflege stand, wurde das Projekt nochmals fünf Jahre

---

24 Zu den reformierten Kirchenbauten in Zürich vgl. das vom Amt für Städtebau zusammengestellte Inventar: Reformierte Kirchen der Stadt Zürich, Spezialinventar 2006, Zürich 2006.

hinausgeschoben. Nach Einführung des neuen Verbandgesetzes begannen 1923 im Einverständnis mit der Zentralkirchenpflege die Bauarbeiten. Die Kosten des Projekts hatten sich seit 1914 wegen der Teuerung um fast das Vierfache auf 2,5 Millionen Franken erhöht. Die künstlerische Ausgestaltung konnte nur mit Subventionen von Stadt, Kanton und Bund realisiert werden; renommierte Künstler wie die Wiediker Paul Bodmer, Hermann Huber und Reinhold Kündig schufen Fresken, während der Bildhauer Otto Kappeler die Kapitelle und das Standbild Zwinglis gestaltete.[25]

1990, 65 Jahre nach dem Zwinglihaus, wurde in Altstetten als vorläufig letztes Neubauprojekt das *Chilehuus Grünau* fertig gestellt, ein U-förmiges Gebäude mit fast quadratischem Grundriss. Vom Konzept her erinnert es an das Zwinglihaus: Auch dieser Bau wurde für eine gemischte Nutzung mit Gottesdiensten, Hochzeiten, Gemeindeaktivitäten und Quartierveranstaltungen entworfen. Auch die Baukosten bewegten sich mit 2,8 Millionen Franken in fast gleicher Höhe, doch in seinen Dimensionen ist das Chilehuus natürlich um ein Vielfaches kleiner angelegt. Besucherinnen und Besucher betreten den einstöckigen Bau über ein kleines Foyer, von wo sie in den schlicht gestalteten Kirchenraum gelangen. Dieser kann unterteilt werden und bietet Platz für etwa 150 Personen. In den zwei kleinen Gebäudeflügeln befinden sich Büros und eine Teeküche, im Untergeschoss ein Zivilschutzraum, der nach dem Konzept Jugendlichen für Proben und ähnliches zur Verfügung gestellt werden sollte. Für Architekt Ernst Gisel, der 1973 beispielsweise für den Kanton das neue Staatsarchiv gebaut hatte, ging mit der Einweihung des Chilehuus ein schwieriges Kapitel zu Ende. Denn 1983 war ein erstes Projekt – ein turmartiges Gebäude mit vier Geschossen – wegen der hohen Kosten von vier Millionen Franken an der Urne gescheitert. Gisel legte darauf der Gemeinde ein redimensioniertes Projekt vor, welches 1986 bewilligt wurde. 1988 genehmigte die Zentralkirchenpflege in eigener Kompetenz den Kredit.[26]

Zeitlich zwischen dem Zwinglihaus und dem Chilehuus Grünau entstanden in Zürich bemerkenswerte Bauten wie 1934 die *Pauluskirche am Milchbuck*, die mit ihrem massigen, von weitem sichtbaren Turm an ein Stadttor erinnert; 1946 die *Matthäuskirche* im «Landistil»; die 1961 fertig gestellte *Thomaskirche Im Gut* in Wiedikon vom Chefarchitekten der Landesausstellung Hans Hof-

25 Erwin Poeschel, Das Zwinglihaus in Zürich-Wiedikon, erbaut von Gebr. Bräm Architekten B.S.A., Zürich, in den Jahren 1923–1925 in: Das Werk 12 (1925), 277–295; Emil Schulthess, Zur Erinnerung an die Einweihung des Zwinglihauses in Zürich Wiedikon, 29. März 1925, Zürich 1925; Tages-Anzeiger, 8.1.1968.
26 Unterlagen Kirchliche Abstimmung, 4.12.1983: Kredit für den Bau einer Quartierkirche mit Gemeinderäumen in der «Grünau»; Der Altstetter, 25.3.1983 und 13.9.1989; NZZ, 12.6.1990; Zürich West, 22.6.2000.

mann, die wegen der eigenwilligen Dachgestaltung der Kirche, der beiden Pfarrhäuser und des Jugendhauses in Zeltform von zeitgenössischen Kritikern als «Indianerdörfli» verschrien wurde;[27] schliesslich 1964 der scheinbar auf einem Lichtsockel stehende, mit Granit verkleidete Monolith der Andreaskirche von Jakob Padrutt[28].

Seit den 1980er Jahren beschäftigten den Stadtverband weniger die kirchlichen Neubauten als der vorhandene Gebäudebestand und dessen Unterhalt. 1982 beispielsweise legte die Zentralkirchenpflege den reformierten Stimmberechtigten die Renovation der im Stil der Neugotik erbauten Wiediker Bühlkirche von 1896 vor. Die Kosten wurden auf 3,9 Millionen Franken veranschlagt.[29] Weitere Renovationen folgten. 2001 wendete der Stadtverband für den Gebäudeunterhalt insgesamt 4,1 Millionen, für Sanierungen 9,2 Millionen Franken auf. Angesichts der wachsenden Bedeutung dieses Bereichs stellte der Verband darum 2002 einen Baubeauftragten ein, der sich ausschliesslich um diesen «Gebäudeservice» kümmerte.[30]

Von der Zentralstelle für kirchliche Gemeindearbeit zum Kirchlichen Sozialdienst Zürich

«Beratung in Lebensfragen» – so umriss der *Kirchliche Sozialdienst Zürich* bis September 2004 sein Angebot, so stand es in der jeden Freitag in der Tagespresse abgedruckten Vorschau auf Gottesdienste und kirchliche Veranstaltungen der kommenden Woche. Etwas ausführlicher las es sich ab Oktober 2004: «Stiftung Kirchlicher Sozialdienst: www.ksdz.ch oder Telefon 044 268 50 10: Mo–Fr, 8.00–12.00, 13.30–17.30: Freiwilligenagentur, Männerhaus Reblaube, Online-Beratung und Wohnraumvermittlung (ausser an Feiertagen)». Im Oktober 2007 schliesslich wurde aus der Wohnraumvermittlung eine *Sozialberatung und Wohnberatung*.[31] Hinter dieser knappen Charakterisierung verbirgt sich eine Institution mit langer Tradition. 1980 hatte der reformierte Stadtverband den damaligen Verein übernommen, in eine Stiftung überführt und damit dessen langfristiges Überleben gesichert. Die Stiftung soll gemäss Zweckartikel als Beratungsstelle und Hilfsorganisation Aufgaben erfüllen,

---

27 Tages-Anzeiger, 14.6.1957; Volksrecht, 18.6.1957, 21.6.1957, 6.7.1961; Tat, 19.6.1957 («Indianerdorf oder kirchliche Bauten?»); NZZ, 1.5.1966; Urs Wegmann, 40 Jahre Thomaskirche Im Gut, Zürich 2001.

28 Tages-Anzeiger, 2.7.1963; Spezialinventar 2006, 21 u. 104–106.

29 Unterlagen Kirchliche Abstimmung, 28.11.1982: Aussen- und Innenrestauration der Kirche Bühl, Zürich-Wiedikon.

30 Tages-Anzeiger, 5.7.2002.

31 NZZ, 11.6.1993, 10.9.2004, 7.3.2008 (Gottesdienstordnung).

welche die Möglichkeiten einzelner Kirchgemeinden übersteigen oder die spezialisiertes Personal erfordern.[32]

Die Geschichte des Kirchlichen Sozialdienstes beginnt im Mai 1918, als Rudolf Finsler, Pfarrer am Grossmünster, gemeinsam mit den Pfarrern Brassel, Altherr und Grob eine Zentralstelle für kirchliche Gemeindearbeit anregten. Diese sollte eine zentrale Liste von Freiwilligen führen, die von Pfarrern für soziale Einsätze in den Kirchgemeinden herangezogen werden konnten. Erste Leiterin dieser «Freiwilligenagentur» wurde Rosa Gutknecht (1885–1959), die kurz zuvor ihr Theologiestudium abgeschlossen und zusammen mit Elise Pfister als erste Frau von der Zürcher Kirche ordiniert worden war.[33]

Bei der Gründung der Zentralstelle waren es 22 Frauen, nach einem Jahr bereits 46, die sich meldeten und in der Folge auf Anfragen von Pfarrern Kranke besuchten, sich um Einsame kümmerten, die Wäsche und Flickarbeiten von berufstätigen Arbeiterfrauen erledigten oder Gassenkinder versammelten, mit denen sie sangen und spielten.[34] 1919 fand Rosa Gutknecht eine Stelle als Pfarrhelferin am Grossmünster sowie beim Blauen Kreuz und trat zurück. Ihre Nachfolgerin wurde Maria Bremi, die Tochter eines Vermögensverwalters, welche die Zentralstelle bis 1959 (!) als Leiterin prägte. Mit Unterstützung von Freiwilligen und Praktikantinnen der Sozialen Frauenschule und des Hauswirtschaftskurses baute sie ein breites sozialdiakonisches Angebot auf: von Einsätzen in Haushalten, Arbeitsvermittlung für arme oder «ungeschickte» Frauen über die Suche nach Paten für arme Kinder, Haushaltskurse und Budgetberatungen bis zu einem Kleiderflickdienst. Das Angebot wurde laufend an die sich wandelnden Bedürfnisse angepasst. In der Wirtschaftskrise 1932 stellte die Zentralstelle die *Landeskirchlichen Arbeitskolonien* auf die Beine: Statt Almosen erhielten obdachlose Arbeitslose, die an die Tür von Pfarrhäusern klopften, einen Gutschein und die Adresse eines Bauernhofs, wo sie nach einem Arbeitseinsatz Lohn erhielten. Das nötige Geld sammelte die Zentralstelle in den Kirchgemeinden. Seit 1934 leistete auch der reformierte Stadtverband regelmässig Beiträge. Im gleichen Jahr kaufte die Zentralstelle für einen invaliden Familienvater einen Handwebstuhl, auf dem er aus alten Strümpfen, Stoff- und Wollresten Teppiche zu produzieren begann. Das war der Anfang einer Webstube, in der bald verschiedene Verdienstlose zum Teil auf Bestellung Bettvorlagen, Badeteppiche, Wandbehänge usw. herstellten. Der Absatz war gut und das Projekt fast selbsttragend. Während des Zweiten Weltkriegs engagierte sich die Zentralstelle

---

32 Jubiläumsbroschüre: Julia Dunitz et al.: 75 Jahre KSD, Kirchlicher Sozialdienst Zürich, Zentralstelle für die sozialen Dienste der evangelisch-reformierten Kirche in der Stadt Zürich, Zürich 1994, 75.

33 Zu Rosa Gutknecht: Ines Buhofer und Irene Gysel, Rosa Gutknecht, Pfarrhelferin am Grossmünster 1919–1953, (Helferei, Heft 5), Zürich 1995.

34 Jahresbericht der Zentralstelle für kirchliche Gemeindearbeit, 1918.

zusätzlich in der Flüchtlingshilfe oder unterstützte Hausfrauen beim Einteilen von rationierten Lebensmitteln.

Was 1918 als Freiwilligenvermittlungsstelle in der Wohnung von Rosa Gutknecht und dann von Maria Bremi begonnen hatte, wurde nach Kriegsende immer professioneller. 1951 kaufte die Zentralstelle mit Hilfe eines Darlehens der Zentralkirchenpflege das Haus an der Klosbachstrasse 51, wo sich noch heute die Geschäftsstelle befindet. Neben dem Sekretariat waren hier die Beratungsstelle *Haushalt-Anleitung*, die *Budget-Beratung*, die *Nähstube* und die *Kleiderstube* untergebracht. Das Büro der Haushalts-Anleitung war zwei Nachmittage pro Woche geöffnet. Hausfrauen konnten sich hier von einer Fachfrau instruieren lassen, wie sie ihren Haushalt führen sollten. Die Budget-Beratung empfing ihre Kundschaft jeden Vormittag und beriet sie bei finanziellen Engpässen. Neben den Kundinnen und Kunden, die den Weg aus eigenen Stücken fanden, gab es viele, die von einem Fürsorgeamt oder einer kirchlichen Stelle in eine der beiden Beratungsstellen überwiesen wurden. Die Budget-Beratung arbeitete immer öfter auch im Auftrag eines Gerichts, wenn es bei einer Scheidung etwa um die Höhe von Alimenten ging. Wegweisend für die Zeit baute die Zentralstelle in diesem Zusammenhang nebst einem Treffpunkt eine Inkasso- und Zahlstelle für geschiedene Frauen auf, die bei Bedarf Alimente bevorschusste. In der Nähstube des Hauses fanden 1953 fünfzehn Arbeiterinnen ein Auskommen. Für überlastete Mütter, die der Zentralstelle von Fürsorgeämtern u. a. zugewiesen worden waren, führten sie Flickarbeiten aus. In der Kleiderstube erhielten Minderbemittelte einen Mantel, ein Paar Schuhe oder was ihnen sonst fehlte.

Anfang der 1960er Jahre kamen zwei Beratungsstellen für griechische und türkische Gastarbeiter und eine Wohnungsvermittlungsstelle hinzu; ebenso das Männerhaus Reblaube in Zürich-Albisrieden, das die Zentralstelle 1967 vom Landeskirchlichen Verein Arbeitshilfe übernahm. Das Heim für Obdachlose beherbergte damals fünfzehn Männer. 2009 bot es 29 alleinstehenden Männern ein Zuhause. 1987 wurde schliesslich die Idee der Freiwilligenagentur wieder reaktiviert. Seit dem Jahr 2000 publiziert sie zusammen mit der Kontaktstelle Freiwilligenarbeit des Sozialdepartements einen Stellenanzeiger für Freiwillige. Und seit 1945 liefern Mitarbeiterinnen und Mitarbeiter der Zentralstelle bzw. des Kirchlichen Sozialdienstes der Presse Woche für Woche eine Liste aller reformierten Gottesdienste und Veranstaltungen.[35]

Spitalseelsorge – Trost spenden oder Selbstfindung fördern?
«Die Seelsorge an kranken, alten und sterbenden Menschen ist … kein einseitiger Prozess, bei dem auf der einen Seite die ‹Sorger› stehen und auf der an-

---

35 Tätigkeitsberichte der Zentralstelle für kirchliche Sozialdienste, 1918–1963 (Zentralbibliothek Zürich, LK 2432). NZZ, 31.7.1969 u. 17.10.1994; Volksrecht, 3.9.1969.

deren die Umsorgten. Aussenstehende sehen dies oftmals so. Man trifft darum auch häufig auf die Vorstellung, die Spitalseelsorge sei vor allem oder nur ein besonders belastender, weil einseitig auf die schwierigen Grenzsituationen von Krankheit, Sterben und Tod ausgerichteter Teil des pfarramtlichen Dienstes, in dem der Seelsorger oder die Seelsorgerin immer die Gebenden, und die Patienten und Patientinnen immer die Nehmenden sind. Dies ist aber nicht zutreffend, denn in der Spitalseelsorge tritt die dialogische Natur aller Seelsorge besonders hervor. ... Vielfach ist der Seelsorger vor allem Katalysator, der Patient aber das Agens. Indem ersterer versucht, den Raum und die Rahmenbedingungen zu schaffen, wird es letzterem möglich, sich mit seiner Situation und mit seinem Lebensschicksal konstruktiv auseinanderzusetzen.»[36] Mit diesen Worten umreissen die Pfarrerinnen und Pfarrer des reformierten Spitalpfarramtes 1993 die Innensicht und das Eigenverständnis ihrer Arbeit, die sich innerhalb einer Generation grundlegend gewandelt hat.

Im reformierten Spitalpfarramt des Zürcher Stadtverbandes waren 2008 siebzehn Seelsorgerinnen und Seelsorger beschäftigt, die sich zwölf Vollzeitstellen teilten. Zu ihrer Arbeit gehörte die Betreuung von reformierten Patientinnen und Patienten in den städtischen und privaten Spitäler, Kliniken und Pflegezentren: den beiden Stadtspitälern Waid und Triemli, dem Kinderspital, den privaten Kliniken Susenberg, Sanitas, Maternité, Hirslanden, Im Park, Schulthess, Balgrist sowie den zehn städtischen Pflegezentren Bachwiesen, Bombach, Entlisberg, Gehrenholz, Irchelpark, Käferberg, Mattenhof, Riesbach, Seeblick und Witikon.[37] Universitätsspital und die psychiatrische Universitätsklinik wurden und werden dagegen von kantonalen Spitalpfarrämtern versorgt. Als Bindeglied zwischen Stadtverband und Spitalpfarrer/innen wurde die mindestens siebenköpfige, von einem Mitglied des Verbandsvorstands präsidierte Spitalkommission gebildet, in der auch die Zentralkirchenpflege, die Kirchgemeinden mit Spitälern oder Pflegezentren auf ihrem Gebiet und das in solchen Institutionen arbeitende Personal vertreten sind. Sie ist für die Pflichtenhefte, Bewerbungsverfahren oder die Öffentlichkeitsarbeit zuständig, jedoch nicht für theologische Fragen.[38]

Im Juni 2008 nahm die Kirchensynode der Zürcher Landeskirche mit grosser Mehrheit eine Vorlage an, die in der Spitalseelsorge einiges verändern soll. Erstmals regelte sie die Seelsorge in den Spitälern flächendeckend auf kantonaler Ebene und verteilte die Finanzierung auf sämtliche Gemeinden. Zusammen

---

36 Jahresbericht Spitalpfarramt, 1991/1992.
37 Charles Landert u. Martina Brägger, Verband der stadtzürcherischen evangelisch-reformierten Kirchgemeinden («Stadtverband»), Aufnahme und Analyse des Ist-Zustandes, Zürich 2009, 74f.
38 Archiv Stadtverband II.B 05.12.05 (Spitalseelsorge – Reglemente), Reglement für das reformierte Spitalpfarramt Zürich, 16.9.1997.

mit der neuen Kirchenordnung soll die Spitalseelsorgeverordnung voraussichtlich 2010 in Kraft gesetzt werden. Spitalseelsorgerinnen und Spitalseelsorger werden danach im ganzen Kanton zu einheitlichen Bedingungen angestellt und über die Zentralkasse der Landeskirche entlöhnt. In Verhandlungen zur konkreten Ausgestaltung der neuen Spitalseelsorgeverordnung konnte der Stadtverband erreichen, dass die städtische Spitalseelsorge mit ihrem breiten Angebot organisatorisch dennoch bestehen bleibt. Dies war den Verantwortlichen u. a. darum wichtig, weil die neue Verordnung lediglich die Seelsorge in Spitälern und nicht in Pflegezentren abdeckt, verschiedene Seelsorgerinnen und Seelsorger aber gleichzeitig in Spitälern und Pflegezentren arbeiten.[39]

Das städtische reformierte Spitalpfarramt ist das älteste gesamtstädtische Angebot des reformierten Stadtverbandes. Es wurde 1945 gegründet. Die Initiative dazu ging von der Kirchgemeinde Neumünster aus, auf deren Gebiet verschiedene Privatspitäler standen: direkt bei der Kirche beispielsweise das Orthopädische Institut Hallauer-Schulthess, die Klinik Hirslanden, das Theodosianum an der Asylstrasse, das Kranken- und Pflegheim Eos an der Carmenstrasse, die katholische Klinik Materna an der Mühlebachstrasse, die Paracelsus-Klinik im Seefeld oder die Schweizerische Anstalt für krüppelhafte Kinder Balgrist.[40] Wie Neumünster dem Stadtverband vorrechnete, lagen dort im Schnitt über 500 reformierte Patientinnen und Patienten aus der ganzen Stadt und den umliegenden Gemeinden, deren seelsorgerische Versorgung die Gemeinde bis anhin zwar freiwillig übernommen hatte, aber auf die Dauer nicht gewährleisten konnte.

Am 4. Juli 1945 fasste die Zentralkirchenpflege den entsprechenden Beschluss und verabschiedete gleichzeitig auch ein Reglement mit Pflichtenheft. Am 1. Oktober 1946 hatte Albert Schellenberg (1897–1972), früher Pfarrer in Bachs, Kreuzlingen und Zürich-Oberstrass, als Spitalpfarrer seinen ersten Arbeitstag. In den ersten Wochen besuchte er die verschiedenen Institutionen, die er gemäss Pflichtenheft mit Unterstützung einiger emeritierter Pfarrer betreuen sollte. Spitäler wie das methodistische Bethanienheim, das von Diakonissen geführte Asyl Neumünster oder das Schwesternheim zum Roten Kreuz, die ein eigenes seelsorgerisches Angebot aufgebaut hatten, gehörten nicht dazu – ebenso wenig natürlich das Kantonsspital oder die psychiatrische Klinik Burghölzli, in der die kantonalen Spitalpfarrer tätig waren.

Eine sorgfältige Planung war nötig, damit er das grosse Pensum, das bis dahin sieben Pfarrer nebenamtlich übernommen hatten, allein erfüllen, zusätzlich zum bisherigen Angebot drei weitere, unbetreute Kliniken übernehmen und trotzdem am Gymnasium noch sein kleines Pensum als Religionslehrer

---

39 Medienmitteilung , 24.8.2008.
40 Zur Zürcher Spitallandschaft um 1950, vgl.: Hans Oskar Pfister, Vorgeschichte und Projekt des Zürcher Stadtspitals auf der Waid, SA aus: Veska-Zeitschrift 14/4, April 1950, 1–3.

leisten konnte. Nach einem genauen Stundenplan besuchte er in seinem ersten Amtsjahr mindestens alle zwei Wochen die kleineren Heime wie das 1918 als Chronischkrankenheim eröffnete und erst 1953 zur Stadtklinik ausgebaute Waidspital, zwei bzw. dreimal wöchentlich dagegen die grössere Klinik Hirslanden und die Pflegerinnenschule.

Wie aus Pfarrer Schellenbergs jährlichen Berichten an die Zentralkirchenpflege hervorgeht, besuchte er die reformierten Patientinnen und Patienten nicht auf Bestellung, sondern ging jeweils von Bett zu Bett. Nachdem er sie begrüsst und mit Fragen nach ihrem Befinden und einem kleinen Gespräch allgemeiner Art herauszuspüren versucht hatte, ob sie mit ihm auf ihre persönliche Lage eingehen wollten, lenkte er das Gespräch in die entsprechende Richtung. Je nachdem spendete er Trost, suchte nach einem passenden Bibelwort, las ihnen eine Stelle aus der Bibel vor und gab ihnen auf Wunsch leihweise oder als Geschenk Erbauungsschriften ab. Der Verkündigung mass er besonderen Wert zu. Er war überzeugt, dass die Situation der Kranken ein «verheissungsvolles Feld für wertvolle christliche Aufklärungs-, Vertiefungs- und Missionsarbeit» sei. Patientinnen und Patienten, die oft jahrelang keinen Gottesdienst mehr besucht hatten, wollte er «wieder als Bausteine in ihr Leben und das Leben einer Kirchgemeinde einfügen».[41] Darum nahm er regelmässig Kontakt zu Gemeindepfarrern auf, damit sie die angeknüpften Gespräche später weiterführen konnten. Jahr für Jahr betreute er anfänglich in den verschiedenen Kliniken rund 1400 Personen – eine hohe Zahl gegenüber den ca. 350, die eine Seelsorgerin oder ein Seelsorger nach dem Reglement von 1979 zu übernehmen hatte.

Neben den Besuchen am Krankenbett hielt Pfarrer Schellenberg ab 1946 in der Pflegerinnenschule und im Hirslanden alle vierzehn Tage am Sonntag einen Gottesdienst, während er sich in den kleineren Kliniken auf regelmässige «Saalandachten» unter der Woche beschränkte. Kranke Kinder und Jugendliche unterrichtete er den Stoff der Kinderlehre, Sonntagsschule und des Konfirmandenunterrichts.

Nicht selten waren in den 1940er und frühen 1950er Jahren Spitaltaufen. 1942 beispielsweise hatte der Spitalpfarrer des Kantonsspitals in der Frauenklinik noch über 1200 Kinder getauft – eine Praxis, gegen welche die Gemeindepfarrer seit Jahrzehnten Sturm liefen.[42] Gerade wirtschaftlich schlechter gestellte Familien oder alleinstehende Frauen wählten häufig diese Möglichkeit, weil damit u. a. auch das kostspielige Taufessen wegfiel. Pfarrer Schellenberg führte 1948 in der Pflegerinnenschule, in der Materna und im Sanitas 136 Taufen durch, drei Jahre später noch etwa die Hälfte. Den Rückgang erklärte er mit dem Umstand, dass

---

41 Archiv Stadtverband, II.B.05.12.05, 1. Jahresbericht des reformierten städtischen Spitalpfarramts, 1.10.1946–30.9.1947.

42 Allgemein zur Geschichte des kantonalen Spitalpfarramts im 19. und 20. Jh.: Jacobus ten Doornkaat, Geschichte des Spital-Pfarramts, in: Zürcher Spitalgeschichten, Bd. 2, 541–557.

er selbst oder die Spitalverwaltung die Geburten nun direkt dem jeweiligen Gemeindepfarrer meldeten, was «den Wunsch nach der Spitaltaufe scheinbar zurückdränge». Auch die neue Praxis, Kinder nur noch an vierzehntäglich an einem festgelegten Tag und ausschliesslich im Beisein beider Elternteile zu taufen, habe Wirkung gezeigt.[43]

Der Alltag der Spitalseelsorge begann sich seit den ausgehenden 1960er Jahre zu verändern. Das zeigte sich etwa in dem sich entspannenden Verhältnis zu den katholischen Seelsorgern – eine Beziehung, die früher immer sehr belastet und von Konkurrenzdenken geprägt gewesen war. Im 1970 neu erbauten Triemlispital arbeiteten Seelsorger beider Konfessionen von Beginn weg Seite an Seite. Sie teilten sich das Büro und gestalteten abwechslungsweise den Sonntagsgottesdienst, zu dem sie alle Patientinnen und Patienten einluden. Viermal jährlich feierten sie eine ökumenische Andacht.[44] Die seelsorgerlichen Gespräche verloren den Charakter einer reinen Verkündigung und Trostspendung. Ein ebenbürtiger Dialog sollte den Patientinnen und Patienten helfen, sich konstruktiv mit ihrer Situation auseinanderzusetzen.[45] Die Institution Spital ihrerseits unterstrich den Wert der Seelsorge, indem sie diese «gemäss Wunsch und Herkommen der Patienten als wichtigen Teil der Therapie kranker Menschen» anerkannte.[46]

Die professionelle seelsorgerliche Betreuung von Armen und Kranken hat in der Zürcher Kirche eine lange Tradition. Das erste Spital in Zürich wurde ausgangs des 12. Jh. durch die damaligen Stadtherrn, die Zähringer, gegründet.[47] 1204 nahm der Papst die für den Betrieb verantwortlichen Spitalbrüder und ihren Vorsteher unter seinen Schutz.[48] Die Brüder gehörten einer Laienbruderschaft an. Um das geistliche Wohl der Kranken, Alten und Invaliden kümmerte sich das Grossmünster. 1218 übernahm die Stadt die Leitung der zwischen dem heutigen Zähringer- und Hirschenplatz gelegenen Institution.

43 Archiv Stadtverband, II.B.05.12.05 (Jahresberichte 1946–1969), ebenda, (Reglemente).
44 Werner Ebling, Von der Gemeindeseelsorge zur Spitalseelsorge, in: Zürcher Spitalgeschichte, Bd. 3, 603 f.
45 Zur Rezeption neuer Konzepte in der Spitalseelsorge nach 1950: Ulrike Buchs, Eine Skizze der Seelsorgekonzepte, in: Zürcher Spitalgeschichten, Bd. 3, 607–610.
46 Protokoll des Gesundheits- und Wirtschaftsamtes der Stadt Zürich, Nr. 258/10.12.1979: Reglement betreffend die seelsorgerische Betreuung der Patienten in den Stadtspitälern Waid und Triemli.
47 Zur Frühgeschichte des Spitals: Zürcher Spitalgeschichte, 3 Bde., Zürich 1951–2000; Claudia Hermann, Das Luzerner Armenspital, Eine Architekturgeschichte mittelalterlicher und frühneuzeitlicher Spitalbauten im eidgenössischen und europäischen Vergleich, Bd. 1, Basel 2004, 94–115; Katharina Simon-Muscheid, Spitäler in Oberdeutschland, Vorderösterreich und der Schweiz im Mittelalter, in: Europäisches Spitalwesen, institutionelle Fürsorge in Mittelalter und Früher Neuzeit, hg. von Martin Scheutz et al., München 2008, 231–253.
48 Zürcher Urkundenbuch (ZUB), Bd. 1, Nr. 359.

Spätestens ab 1260 hatte der Spital eine eigene Kapelle, in der ein der Heiligen Dreifaltigkeit geweihter Altar stand. Jedes Jahr wurde hier das Weihefest gefeiert und nach Ostern führte eine Prozession vom Grossmünster zur Spitalkapelle, in der eine Messe gelesen und der Schutz der Heiligen Felix und Regula angerufen wurde.[49] Doch einen Priester, der sich ausschliesslich um die Kranken kümmerte, gab es noch nicht – anders als zum Beispiel im Leprosenhaus St. Jakob vor der Toren der Stadt, wo dafür schon 1221 ein Geistlicher angestellt war.

Den Grundstein für das erste Spitalpfarramt legte 1276 ein Grossmünsterchorherr, der dem Spital etwas Geld für einen Spitalpriester stiftete.[50] 1279 erhielten die Spitalbrüder vom Papst die Erlaubnis, einen Priester anstellen zu dürfen, der den immobilen Armen und Kranken die Messe lesen und auf dem spitaleigenen Friedhof die Toten beerdigen sollte.[51] Effektiv eingesetzt wurde dieser aber erst 1302.

Das Amt des Spitalkaplans überdauerte die Reformation. Noch 1529 wurde das Spital von der Stadt gerügt, weil in der Spitalkapelle nach wie vor vier Altäre standen. 1544 verlegte die Stadt die Gottesdienste in den Predigerchor – auch Anwohnerinnen und Anwohner aus dem Quartier waren hier willkommen. Als der Rat 1614 die Predigerkirche zu einer eigenen Kirchgemeinde erhob, übernahm der Dekan des Pfarrers im Vollamt die seelsorgerische Betreuung der Armen, Kranken und Invaliden. 1682 wurde aus der Stelle ein selbständiges Pfarramt – die Geburtsstunde des späteren kantonalen Spitalpfarramts.

Sihlcity-Kirche – Stille Einkehr und Seelsorge im Alltag

Shopping und innere Einkehr – diese Verbindung mag auf den ersten Blick überraschen. Doch am 22. März 2007 wurde in Zürich mit Sihlcity landesweit das erste Einkaufszentrum eröffnet, das seinen Besucherinnen und Besuchern neben Verkaufsläden, Restaurants, Kinderparadies, Kino, Disco, Hotel und Ärztezentrum auch eine kleine Kirche anbot. Sie befindet sich etwas versteckt im ersten Stock eines über hundertjährigen Backsteinbaus. Wie der dahinter stehende Hochkamin erinnert es an die ehemalige Papierfabrik, die früher am Ort des Einkaufszentrums stand. Die Sihlcity-Kirche ist unter der Woche täglich von morgens um 9 bis abends um 21 Uhr geöffnet, jedoch, was bei einer Kirche auf den ersten Blick vielleicht erstaunen mag, an Sonn- und Feiertagen ganz

49 Heidi Leupi, Der Liber ordinarius des Konrad von Mure. Die Gottesdienstordnung am Grossmünster in Zürich. Freiburg 1995, 56 u. 131 f.
50 ZUB 4.1632.
51 ZUB 5.1733.

bewusst nicht zugänglich, da man die Sonntagsgottesdienste in den Stadtkirchen nicht konkurrenzieren will.[52]

In den ersten Wochen besuchten täglich bis zu 300 Personen die Sihlcity-Kirche, später immerhin noch 30 bis 120. Die Besucherinnen und Besucher fanden im kleinen, von den Glasfenstern Hans Ernis geprägten Raum der Stille, wo etwa zwanzig Personen Platz finden – einen Ort, an dem sie sich setzen, etwas Kraft schöpfen, eine Kerze anzünden, das wöchentlich neu aufliegende Rastwort lesen, einen persönlichen Wunsch im öffentlich aufgelegten Anliegenbuch hinterlassen oder ein Gebet verrichten können. Für islamische Glaubensangehörige liegt ein Gebetsteppich bereit, für buddhistische ein Meditationskissen. Andere suchen ein anonymes Gespräch mit einem Seelsorger oder einer Seelsorgerin – im Jahr 2008 nutzten über 1100 Personen dieses Angebot. Zu diesem Zweck gibt es in der Sihlcity-Kirche neben einem Gemeinschaftsraum ein Seelsorgezimmer.[53]

Die Sihlcity-Kirche wurde gemeinsam vom reformierten und vom römischkatholischen Stadtverband und der Christkatholischen Kirchgemeinde Zürich eingerichtet, welche als Träger auch den Betrieb finanzieren. Die reformierte Zentralkirchenpflege bewilligte 2006 zu diesem Zweck 385 000 Franken an den Bau und vorläufig auf vier Jahre befristet 266 000 Franken an jährlichen Betriebsmitteln.

Die Kirche im Einkaufszentrum ist nicht das erste Angebot dieser Art in Zürich. Bereits 2001 wurde im Hauptbahnhof die Bahnhofkirche eröffnet. Auch dort fand neben der Kapelle, die täglich von 300 bis 500 Personen besucht wird, vor allem das leicht zugängliche Seelsorgeangebot Zuspruch. Menschen aller Altersklassen, darunter auch viele Konfessionslose, schätzen es, dass ein Seelsorger für sie ein offenes Ohr und v. a. Zeit hat. Nahmen im Jahr 2003 rund 1300 Personen dieses Angebot war, waren es 2008 bereits 1900.[54]

Seelsorge virtuell

Pfarrer Jakob Vetsch-Thalmann war ein Pionier. 1995 liess er in seinem Pfarrhaus im Dörfchen Gretschins im St. Galler Rheintal einen Internetanschluss installieren, und am 27. September des gleichen Jahres eröffnete er mit Hilfe eines Ingenieurs der Technischen Fachhochschule Buchs auf dem jungen Regionalportal «Rheintal Online» das erste Seelsorgeangebot im World Wide Web. Seine Idee: Menschen auf ihrer Fahrt über die «Datenautobahn» sollten hier eine

---

52 NZZ, 7.7.06, 14.6.07, 15.5.09.
53 Sihlcity-Kirche, Jahresbericht 2007 und 2008.
54 Roman Angst und Toni Zimmermann: Drei Jahre Ökumenische Bahnhofkirche im Hauptbahnhof Zürich, Von Pfingsten 2001 bis Ende 2003, Bericht der Seelsorger; Bahnhofkirche, Jahresbericht 2008; NZZ, 31.5.2001; Prot. ZKP 2002/06 Nr. 80 (23.6.2004).

«Raststätte» vorfinden, wo sie zum Beispiel bei der Lektüre des Monatsworts oder Wochengebets etwas Ruhe und vielleicht auch Zeit fänden, über ihre Lebenssituation nachzudenken. Das Angebot stiess bei den Besucherinnen und Besuchern auf Interesse – besonders das E-Mailformular, über das sie anonym und rund um die Uhr mit einem Seelsorger Kontakt aufnehmen konnten, ohne dabei die hohe Schwelle eines Pfarrhauses überschreiten zu müssen. Nach einem halben Jahr konnte Vetsch berichten, dass täglich über hundert Personen aus aller Welt das neue Angebot besuchten und die Seelsorge ungefähr alle zwei Tage eine Anfrage erhalte.[55]

Die Internetseelsorge wurde von einem Team von katholischen und protestantischen, deutsch- und italienischsprachigen Seelsorgerinnen und Seelsorger aus Deutschland, Österreich und der Schweiz getragen. Sie war bald auch auf weiteren Regionalportalen in Vorarlberg, Liechtenstein und nach dem Wechsel von Vetsch nach Zürich-Matthäus in Zürich erreichbar. Die verschiedenen Internetseiten waren untereinander verknüpft und verwiesen auch auf weitere Angebote, die nach ihrem Vorbild in Deutschland, England, Frankreich, Dänemark und Ungarn aufgebaut wurden.[56] 1997 baute Vetsch mit dreizehn Seelsorgerinnen und Seelsorger die zentrale Internetplattform seelsorge.net auf, die alle diese Angebote unter einem Dach vereinte.[57] Mit der Gründung des Vereins Internet-Seelsorge erhielt der Dienst im Februar 1998 eine rechtliche Form.[58] Ab 1999 konnten Ratsuchende das seelsorge.net auch über den auf allen Mobiltelefonen zugänglichen SMS-Mitteilungsdienst erreichen. Die notwendige technische Infrastruktur – Mobiltelefone und je eine Telefonnummer für deutsche, französische und italienische Anfragen, stellte als Sponsor die Telekommunikationsfirma diax und später deren Nachfolger Sunrise zur Verfügung. Der Umstand, dass die Länge von SMS-Mitteilungen technisch auf 160 Zeichen beschränkt ist, ist entgegen vieler Einwände nicht unbedingt von Nachteil. Anfragen und Antworten müssen medienbedingt auf knappstem Raum konzentriert und damit «auf den Punkt gebracht» werden.[59]

Im Jahr 2003 stiess seelsorge.net strukturell zunehmend an Grenzen. Über dreissig Personen arbeiteten inzwischen im Seelsorgeteam, jährlich meldeten sich etwa 1500 neue Ratsuchende. Um weiter wachsen zu können, geplant war

---

55 Jakob Vetsch, Die Kirche im Cyberspace, Manuskript Frühjahr 1996.

56 Bruno Amatruda, Seelsorge im Internet, Seminararbeit Theologische Fakultät der Universität Zürich, Manuskript 1999; Beobachter 19/00, 13.9.2000; allgemein zur Internetseelsorge vgl. Johann Anselm Steiger u. Eberhard Hauschildt, Seelsorge, in: Theologische Realenyzklopädie, Bd. 31, Berlin 2000, 46.

57 Die Entwicklung des Internetangebots ab 1997 dokumentiert Internetarchiv: http://web.archive.org/web/*/http://www.seelsorge.net.

58 Reformierte Nachrichten, 23.2.1998.

59 20 Minuten, 2.6.2004.

zum Beispiel ein Treffpunkt für Trauernde im Internet, musste das Projekt auf eine neue finanzielle Grundlage gestellt werden. Für das inzwischen etablierte und allgemein anerkannte ökumenische Seelsorgeangebot, das in der ganzen Schweiz und über die Grenzen hinaus in Deutsch, Französisch und Italienisch tätig war, bot sich eine breit abgestützte kirchliche Trägerschaft an. Als sich abzeichnete, dass Verhandlungen mit möglichen Trägern und deren Entscheidungsprozesse mehr Zeit in Anspruch nehmen würden, sprang im Sommer 2003 der Stadtverband ein, der das Projekt seit dem Jahr 2000 unterstützte. Die Zentralkirchenpflege entschied, die Trägerschaft und Finanzierung vorübergehend allein zu übernehmen. seelsorge.net erhielt einen Geschäftsführer, der Büroräumlichkeiten im Gebäude der Verbandsgeschäftsstelle beziehen konnte, interne Abläufe, Internetauftritt und Eigenwerbung wurden professionalisiert.[60]

Seit 2006 wird die SMS- und Internetseelsorge zu gleichen Teilen von der katholischen und reformierten Kirche getragen. In der Trägerschaft nahmen neben dem reformierten Stadtverband neu auch die katholische und die reformierte Landeskirche und der katholische Stadtverband Einsitz. Auf entsprechende Aufrufe der Deutschschweizer Kirchenkonferenz und der katholischen Zentralkonferenz, den beiden nationalen kirchlichen Dachverbänden, versprachen auch viele Kantonalkirchen, der SMS- und Internetseelsorge einen regelmässigen Beitrag zu leisten.

2008 arbeiteten über 30 Seelsorgerinnen und Seelsorger für den Dienst. Anfragen werden, je nach dem Kanal, über den sie seelsorge.net erreichen, von einem Internet- oder SMS-Master bearbeitet. Dieser klärt anhand einer Datenbank ab, ob zu einer Adresse bereits früher einmal Kontakt bestand und leitet diese an die entsprechende Person im Seelsorgeteam weiter. Wenn nicht, wird sie je nach Art der Anfrage an die am besten geeignete Person weitergegeben, welche sie innerhalb von 24 Stunden beantwortet. 2008 erreichten seelsorge.net rund 1500 Erstanfragen – ca. 900 per Email, 600 per SMS, auf die hin durchschnittlich bis zu 5 weitere Nachrichten ausgetauscht wurden. Verschiedene Hilfesuchende nutzen das Angebot über Jahre. Inhaltlich betreffen die meisten Anfragen allgemeine Themen, die nicht unmittelbar mit der Kirche und dem Glauben im Zusammenhang stehen. Oft geht es um Krisen in einer Partnerschaft oder in der Familie, um persönliche Probleme oder Einsamkeit, während theologische Fragen nur in etwa 15% der Anfragen angesprochen wurden.[61]

Dass die Kirche neue Medien nutzt und damit auch weitere Kreise der Bevölkerung erreicht, ist nicht neu. Als Frühform der anonymen Briefseelsorge könnte vielleicht auch die Sammlung der Trostsprüche verstanden werden, welche der Bremer Drucker Dietrich Gloichstein 1582 aus Briefen Luthers exzerpierte und

---

60 Prot. ZKP 2002/06, Nr. 40 (11.6.2003).
61 Jahresbericht seelsorge.net 2007.

durch den Druck einem breiteren Publikum zugänglich machte.[62] In der Barock-
zeit Anfang des 17. Jh. wurde das Instrument der Briefseelsorge v. a. von Jesuiten
gepflegt, im 19. Jh. im protestantischen Umfeld von Pietisten. Eine Renaissance
erlebte dieses Medium ab 1970 in Deutschland: Gläubige aus der DDR nutzten
bis 1989 häufig die Dienste der Briefseelsorge der evangelisch-lutherischen
Nordelbischen Kirche und der Evangelischen Briefseelsorge München.[63]

Die im 20. Jh. gross gewordenen Medien Radio und Fernsehen übertrugen
zwar früh schon Gottesdienste. Erst mit dem Erblühen des Genres Ratgebersen-
dung fand in den 1980er und 1990er Jahren aber Seelsorge Eingang in deren
Programm – etwa mit Pfarrer Jürgen Fliege, der zwischen 1994 und 2005 im
Deutschen Fernsehen ARD fünfmal wöchentlich eine Talkshow leitete, die wohl
eher den Voyeurismus des Publikums als die Bedürfnisse von Ratsuchenden
befriedigte.

Einen ganz anderen Rahmen bieten dagegen telefonische Beratungsdienste,
die sich seit den 1950er Jahren weltweit verbreiteten, und die anfänglich v. a.
auf Suizid-Prävention angelegt waren. In der Schweiz war es die 1957 vom
damaligen Leiter der Zürcher Stadtmission Pfarrer Kurt Scheitlin begründete
Dargebotene Hand. Über eine Telefonnummer konnten «alle Bekümmerten
und seelisch Vereinsamten» rund um die Uhr einen Menschen erreichen, der
ihnen zuhörte und ihnen auch einen Rat zu geben versuchte. Kurz darauf wurden
zwei ähnliche Angebote auch in St. Gallen und Bern eingerichtet.[64]

Vorbild der Dargebotenen Hand waren die Samaritans in London, eine 1953
durch den anglikanischen Priester Chad Varah (1911–2007) ins Leben gerufene
Telefonseelsorge. Berichten zufolge soll bei diesem Schritt der Suizid eines
14-jährigen Mädchens, das er einige Jahre zuvor beerdigt hatte, eine wichtige
Rolle gespielt haben. Das Mädchen habe sich umgebracht, nachdem es un-
vorbereitet seine erste Monatsregel hatte und überzeugt gewesen sei, dass es
an einer Geschlechtskrankheit leide. Am 2. November 1953 schaltete Varah
jedenfalls in der Tageszeitung Daily Mirror eine Kleinanzeige, in der er nebst
seinem Namen und der eingängigen Telefonnummer «Man 9000» mitteilte:
«Bevor Sie sich das Leben nehmen, rufen Sie mich an!» Bereits am ersten Tag
habe er darauf über hundert Anrufe erhalten. Als die Anrufwelle auch in den
kommenden Wochen nicht verebbte, habe der überlastete Priester im Keller-
geschoss seiner Kirche eine Telefonzentrale eingerichtet, in der freiwillige Laien
Tag und Nacht Dienst leisteten.[65]

62 Alexander Bitzel, Anfechtung und Trost bei Sigismund Schwert, Göttingen 2002, 134, Anm.
   360.
63 Stuttgarter Zeitung, 28.2.2007; Hamburger Abendblatt, 22.3.2006.
64 Tagesanzeiger, 30.10.1959; Norbert Dietel, Telefonseelsorge, in: Theologische Realenzyk-
   lopädie, Teil 3, Bd. 33, Berlin 2002, 33–35.
65 Anzeiger des Wahlkreises Thalwil, 30.12.1977.

Streetchurch – eine Jugendkirche auch für saubere Jungs

Am 9. Mai 2004, einem regnerischen und kalten Sonntagabend, stand in der Kanzleiturnhalle, dem beliebten Event-Lokal im Kreis 4, eine spezielle Veranstaltung an. Unter dem Motto «Love can do it» und «Rap statt Orgel» veranstaltete die reformierte Kirche erstmals den Jugendgottesdienst streetchurch. Rund 200 junge Frauen und Männer folgten der Einladung. Im «Warm-Up», der Phase der Besammlung, legte DJ Platinum eine breite Palette an Blackmusic von HipHop bis R&B auf. Danach rappte der in Kenya geborene Gleam Joel, ein Jugendarbeiter, der in Zürich schon länger mit trendiger Musik den Zugang zu wenig integrierten Jugendlichen suchte, zusammen mit drei Freunden los: «Say Streetchurch», «Can you feel it» und «Rhymes» über den Kulturschock, den einer erlebt, wenn er nach seiner Flucht aus der Heimat die Schweiz erreicht. Black Music in einer etwas anderen Form präsentierte darauf Vladimir Tajsic, der Schweizer Jazzsänger mit serbischen Wurzeln, der sich dem Jazz, Soul und Funk verschrieben hat. Anstelle einer traditionellen Predigt folgte die «Message» des locker gekleideten 36-jährigen Pfarrer Markus Giger, darauf die «Response» verschiedener Jugendlicher, ihre Fürbitten, das «Pray and Blessing» (Gebet und Segnung) und schliesslich zum «Chill-out» anstelle des Kirchenkaffees ein ruhiger Ausklang mit Musik, Kaffee und Gesprächen.[66]

Im Juni 2004 verfolgten Besucherinnen und Besucher im Anschluss an eine zweite, ähnliche Veranstaltung live auf Grossleinwand die Europameisterschaftsfussballspiele Schweiz–Kroatien und England–Frankreich, während die dritte streetchurch während dreier Tage am Züri-Fäscht in einem Zelt am See präsent war. Seit Herbst 2004 ist die streetchurch rund zehnmal jährlich in der Offenen Kirche St. Jakob zu Gast. Zum Start gab es eine Party unter dem Motto «Positive Vibrations», in der wie in den Gottesdiensten gleichberechtigt zu den DJs und Musikern improvisierende Freestyle-Rapper aus dem Publikum am offenen Mikrophon auftraten.

Fast gleichzeitig mit der streetchurch startete in Winterthur mit ganz ähnlichem Konzept die Jugendkirche (ab 2006 *Fabrikkirche*). Die Trägerschaft beider Projekte übernahm die reformierte Landeskirche mit dem Stadtverband von Zürich bzw. Winterthur. Wie sich am Namen streetchurch ablesen lässt, stand dahinter die Idee einer «Kirche am Weg». Auch als Reaktion auf Veranstaltungen von Freikirchen wie der International Christian Fellowship (ICF), die ihre Gottesdienste mit Erfolg mit jugendgerechter Musik, Theaterelementen und «lebensnahen» Predigten auf ein junges Zielpublikum zuschnitten, wollten beide Projekte Jugendlichen nach der Konfirmation Gottesdienste anbieten, die

---

66 NZZ, 7.5.2004; Tages-Anzeiger, 10.5.2004; Streetchurch, Presseorientierung, 7.5.2004.

sie in ihrer eigenen Lebenswelt erreichten, und in denen sie sich nicht wie «auf einem anderen Planeten» fühlten.

Die streetchurch sprach von Beginn weg ein breit gestreutes Publikum an. 150 bis 200 Jugendliche, manchmal auch mehr, nahmen an den Anlässen teil. Unter ihnen fanden sich viele junge Männer mit Migrationshintergrund, die gesellschaftlich schwach integriert waren. Sie waren auch der Grund, dass neben den Gottesdiensten die persönliche Begleitung von Jugendlichen sich zu einem Schwerpunkt des Projekts entwickelte. Im Sommer 2005 gründeten Pfarrer Markus Giger und sein Team das Arbeitsintegrationsprojekt *Saubere Jungs für saubere* Fenster, das stellenlosen Jugendlichen in Zusammenarbeit mit der Offenen Jugendarbeit Zürich und dem Job Shop Aufträge als Fensterputzer vermittelte, um ihnen so zu einem geregelten Tagesablauf zu verhelfen.[67]

Neun Monate später, im März 2006, wurde an der Birmensdorferstrasse 19 das *Zentrum streetchurch* eröffnet. Auf vier von Jugendlichen renovierten Etagen bietet es Platz für das Arbeitsintegrationsprojekt und die Büros der Mitarbeitenden, für Beratungen im sozialdiakonischen und seelsorgerischen Bereich, aber auch für die Freizeitgestaltung der Jugendlichen: Im Musikzimmer können Rapgruppen oder der Gospelchor ungestört proben, an Computern in einem Arbeitsraum zum Beispiel nach Stellen suchen, im Raum der Stille innere Einkehr finden. Die hauptsächlich im sozialdiakonischen Bereich tätigen Mitarbeiter – verschiedene leisteten hier ihren Zivildienst – können den Jugendlichen vor allem eines bieten: viel Zeit, um zuzuhören und nachzubohren. Eine Etage schliesslich wurde für das begleitete Wohnen reserviert. Zwei bis drei Jugendliche ohne Dach über dem Kopf, sollten hier die Möglichkeit erhalten, sich in einem geschützten Rahmen zu orientieren und wieder Fuss zu fassen.

Schon wenige Monate nach dem Start entschieden sowohl die Kirchensynode der Landeskirche wie auch die städtische Zentralkirchenpflege, das ideell auch vom Sozialdepartement der Stadt unterstützte Projekt definitiv weiterzuführen.[68]

Vom Volkshaus zum Haus der Völker – Das Zentrum für Migrationskirchen

Menschen aus vier Kontinenten waren dabei, als am 30. November 2008 im Kirchgemeindehaus Zürich-Wipkingen das Zentrum für Migrationskirchen eröffnet wurde. Schweizerinnen und Schweizer, Frauen in finnischer Tracht, Afrikanerinnen und Afrikaner neben tamilischen Jugendlichen sowie Frauen und Männer aus Brasilien besichtigten gemeinsam das Gebäude an der Hardbrücke

67 Kirchenbote, 14.5.2008.
68 NZZ, 28.6.06.

mit dem mächtigen Turm. Danach begann im grossen, lichtdurchfluteten Saal der eigentliche Festakt. Nach einer Ansprache von Annelis Bächtold, der neuen Koordinatorin des Zentrums, führten die Wipkinger Gemeindepfarrer durch den internationalen Gottesdienst. Pastoren der Migrationskirchen überbrachten ihre Eröffnungsgaben, Theddy Probst als Beauftragter des Stadtverbandes für Migrationsfragen hielt die Predigt und Kirchenratspräsident Ruedi Reich erinnerte in seiner Einführung zum Abendmahl an die Impulse, welche zugewanderte Mitgläubige der Landeskirche in der Vergangenheit immer wieder gegeben hatten.[69]

Die Planung für das Zentrum hatte 2003 begonnen. Nach der Idee der Initianten, der Arbeitsgruppe Migrationskirchen des reformierten Stadtverbands, sollte es eine Brücke zu den über dreissig in Zürich aktiven, reformierten Gemeinschaften aus aller Welt bilden und diese auch untereinander besser vernetzen. Etliche von ihnen waren auf der Suche nach geeigneten Räumlichkeiten.[70]

Das Kirchgemeindehaus Wipkingen bot sich für ein solches Zentrum an. Denn der 1932 eröffnete Komplex, neben dem Walcheturm der Kantonalen Verwaltung und dem Universitätsturm von 1914 das erste «Hochhaus» der Stadt, war überaus grosszügig angelegt und sollte nach dem Willen der Kirchgemeinde und der Zentralkirchenpflege in den frühen 1920er Jahren weit mehr als ein normales Kirchgemeindehaus werden: «Ein Quartiergemeindehaus, das die öffentlichen, gemeinnützigen und gesellschaftlichen Bedürfnisse der Einwohnerschaft Wipkingens und auch der angrenzenden Stadtteile in weitgehendem Masse befriedigt.»[71] Neben den beiden Sälen mit Galerie, die eine Versammlung von bis zu tausend Personen beherbergen können, der Pfarr- und der Hauswartswohnung, den Büros, Unterweisungs-, Arbeits- und Personalzimmern der Kirchgemeinde und dem Sitzungszimmer der Kirchenpflege zuoberst im 36 Meter hohen Turm bot es Platz für ein Quartierbüro, die Post, eine Filiale der Kantonalbank inklusive grosszügigen Tresors im Keller, die Pestalozzibibliothek mit grossem Lesesaal, ein vom Frauenverein betriebenes alkoholfreies Restaurant mit Terrasse, Kinderkrippe und Kindergarten, Mütterberatungs- und Samariterstelle, ein Krankenmobilienmagazin und ein öffentliches Volksbad mit zwölf Badewannen und neun Duschen, wo Wipkingerinnen und Wipkinger ohne eigenes Badezimmer bis 1942 ihre hygienischen Bedürfnisse befriedigen konnten.[72]

---

69 Tages-Anzeiger, 29.11.2008.
70 Konzept Zentrum für Migrationskirchen (ZMK), 11.4.2006.
71 Protokoll Stadtrat Zürich, 1932, Nr. 362.
72 Ursina Jakob und Daniel Kurz, Wipkingen, Lebensräume – Verkehrsräume, Zürich 1993, 90–93; NZZ, 29.1.1931 und 18.1.1932; Volksrecht, 16.1.1932; Protokoll Stadtrat Zürich, 1951, Nr. 1432.

Im Verlauf der Jahre standen immer mehr der über hundert Räume im Kirch-gemeindehaus leer, Post und Bank zogen in Neubauten um, und das Restaurant schloss 1973 nach Eröffnung der Westtangente. Nach der Renovation 1974 wurde diskutiert, ob in der ehemaligen Post ein Jugendfoyer oder ein soziales Zentrum für Betagte eingerichtet werden könnte.[73] 1988 verlangte die Zen-tralkirchenpflege für das unrentable Gebäude ein neues Nutzungskonzept. Die Idee, ein Verkaufsgeschäft des Grossverteilers Migros einzurichten, scheiterte. 1990 zog für einige Jahre das Amt für Berufsbildung ein – dann wurde es wieder ruhig.

Mit dem Zentrum für Migrationskirchen kehrte endlich das Leben ins Haus zurück, das sich die religiös-sozialen Initianten Anfang der 1920er Jahren ge-wünscht hatten. Wie es das neue Konzept vorsah, nutzen neben der Kirchge-meinde Wipkingen und der Koordinationsstelle des Zentrums fünf Migrations-kirchen die Räumlichkeiten: die finnische evangelische Gemeinde Suomalainen Seurakunte, die brasilianische Igréja Evangélica de Lingua Portuguesa, die frankophon-afrikanische Eglise Evangélique Missionnaire Internationale und die englischsprachige afrikanische Gemeinschaft Word Base Ministries sowie die kleine tamilische evangelische OIKOS International Tamil Church. Weitere Migrationskirchen nutzen Räumlichkeiten für gelegentliche Veranstaltungen.

Zürich hat mit der Integration zugewanderter evangelischer Gemeinschaften eine lange Erfahrung. So nahm die Stadt bereits 1555 rund hundert Glaubens-flüchtlinge aus Locarno auf, die von der eidgenössischen Tagsatzung in Baden vor die Wahl gestellt worden waren, sich entweder zum katholischen Glauben zu bekennen oder das von den eidgenössischen Ständen gemeinsam verwaltete Untertanengebiet jenseits des Gotthards zu verlassen. Die reformierte Gemein-schaft hatte in Locarno als Christiana locarnesi ecclesia seit 1535 bestanden. Ihr gehörten auch verschiedene Familien an, die wegen ihrer Konfession aus Mailand oder dem Piemont geflüchtet waren. In Locarno wurden sie bis 1549 toleriert. Nachfahren dieser Flüchtlinge, von denen verschiedene auch nach Bern weiterzogen, sind etwa die alten Zürcher Familien (von) Muralt oder Orelli. Während die Muralt schon 1566 ins Bürgerrecht aufgenommen wurden, gelang dies den Orelli erst 1592 und nur mit der Einschränkung, dass sie sich nicht in ein Amt wählen lassen konnten. Diese Beschränkung liess die Stadt erst 1680 fallen. Bis die reiche Familie im Rat sass, dauerte es weitere Jahrzehnte.[74]

Eine zweite, weit grössere Flüchtlingswelle erreichte Zürich zwischen 1683 und 1688 aus Frankreich. Mehrere zehntausend Hugenotten, französische Anhänger Calvins, flüchteten in die Niederlande, nach England oder in die

---

73 Tages-Anzeiger, 12.1.1974.
74 Historisches Lexion der Schweiz, Art. Locarno, (von) Muralt und Orelli.

protestantischen Kantone der Eidgenossenschaft, nachdem der französische König das Edikt von Nantes von 1598, das ihnen freie Religionsausübung zusicherte, aufgehoben hatte. Über Genf und Bern kamen tausende von Flüchtlingen auch nach Zürich. Rund 1800 liessen sich hier nieder. Für ihre Gottesdienste stellte ihnen die Stadt zuerst den Fraumünsterchor zur Verfügung, wo sie am Sonntag, dem 14. Oktober 1685, nach dem regulären Gottesdienst den ersten offiziellen französischen Gottesdienst in der Stadt feierten. Später stellte ihnen die Stadt für diesen Zweck die ehemalige St. Michaelskapelle im Grossmünster zur Verfügung gestellt. 1902 schliesslich konnten sie an der Schanzengasse nach längerer Planung und vierjähriger Bauzeit ihre eigene Kirche, einweihen. Die Eglise réformée française hat in der reformierten Zürcher Kirchenlandschaft eine besondere Stellung. Als Teil der Zürcher Landeskirche steht sie allen französischsprachigen Reformierten unabhängig von ihrem Wohnort offen. Da sie anders als normale Kirchgemeinden nicht territorial definiert ist, können diese auch nach ihrem Beitritt weiterhin Mitglied ihrer Kirchgemeinde am Wohnort bleiben. Sie erhält regelmässige Subventionen aus dem Ökonomiefonds des Stadtverbands, kann aber auch Kirchensteuern beziehen.[75]

Um einiges jünger ist die 1890 im Zuge der Immigration italienischer Arbeitskräfte gegründete Chiesa evangelica di lingua italiana, die ebenfalls Teil der Landeskirche, zugleich aber auch Mitglied der in vorreformatorische Zeit zurückreichenden italienischen Waldenserkirche ist. Nachdem sie ab ca. 1950 im renovierten alten Bet- und Schulhaus von Wiedikon an der Schlossgasse zu Gast gewesen war, zog sie 2001 in die 1922 von der Kirchgemeinde Wiedikon erbaute und wegen ihrer Grösse nicht mehr genutzte Zwinglikirche um.[76]

Oberengstringen

Oberengstringen gehört als einzige Kirchgemeinde ausserhalb der Stadt seit 1977 zum Stadtverband, weswegen dieser manchmal auch etwas umständlich Verband der stadtzürcherischen evangelisch-reformierten Kirchgemeinden und der evangelisch-reformierten Kirchgemeinde Oberengstringen genannt wird. Warum gerade Oberengstringen? Werden in Zukunft vielleicht noch weitere Gemeinden folgen?

---

75 Zur Geschichte der französischen Gemeinde: Bruno Barbatti, Das «Refuge» in Zürich. Ein Beitrag zur Geschichte der Hugenotten- und Waldenserflüchtlinge nach der Aufhebung des Edikts von Nantes, Diss. Universität Zürich, Affoltern 1957; Jean-Pierre Monnet, 300e anniversaire de l'Eglise réformée française de Zurich: d'hier à aujourd'hui, coup d'oeil sur trois siècles d'histoire, 1685–1985, Zürich 1985; Architekt Recordon zum Kirchenbau 1902: Benjamin Recordon, La nouvelle église française de Zurich, in: Bulletin technique de la Suisse romande, 30 (1904), 185–191.
76 NZZ, 30.4.2001; Zur Geschichte des Bethauses Wiedikon: NZZ, 6.9.1997.

Tatsächlich ist der «Fall Oberengstringen» speziell. Die reformierten Bewohnerinnen und Bewohner der Vorortsgemeinde stiessen 1934 nach der zweiten Stadtvereinigung als Mitglieder der Kirchgemeinde Höngg-Oberengstringen zum Stadtverband, nachdem sie kirchlich bereits seit dem Mittelalter zu Höngg gehört hatten.[77] In den 1940er Jahren hielt der Höngger Pfarrer im Schulhaus Oberengstringen gelegentlich Bibelstunden und Gottesdienste. Als sich abzeichnete, dass die Bevölkerung rasch zunehmen würde, erhielt das Dorf 1951 ein eigenes Kirchgemeindehaus. Das Projekt musste nacheinander von der Kirchgemeindeversammlung Höngg, der Zentralkirchenpflege in Zürich und zuletzt an der Urne von den reformierten Stimmberechtigten Oberengstringens und Zürichs bewilligt werden.

Das Kirchgemeindehaus von 1951 hatte in vielem schon den Charakter einer Kirche. Im kleinen Dachreiter auf dem Dach hing eine Glocke, und im Mehrzwecksaal standen eine Orgel, eine transportable Kanzel und ein Abendmahlstisch. Im gleichzeitig erbauten Pfarrhaus zog ein eigener Pfarrer ein, der zwar formell noch als Pfarrhelfer zu Höngg gehörte.[78]

Nur zwei Jahre später erwarb die Kirchgemeinde einen Bauplatz für die künftige Kirche. Allgemein ging man in der Raumplanung davon aus, dass das kleine Oberengstringen in den kommenden Jahren zu einer Stadt mit 10 000 bis 15 000 Einwohnern wachsen werde. Als 1964 etwas mehr als 3000 Reformierte in der Gemeinde wohnten, bat Oberengstringen den Regierungsrat um Trennung von der Kirche Höngg. 1977 war es so weit. Die Kirchgemeinde wurde eigenständig, entschied aber, was das Finanzielle betraf, als 34. Gemeinde beim Stadtverband zu verbleiben. Kirchlich schloss sie sich dem reformierten Gemeindeverband Limmattal an, dessen Hauptaufgabe die Koordination der Seelsorge im Limmattalspital ist.

Ende 1984 erhielt Oberengstringen eine eigene Kirche. Sie steht direkt am Dorfplatz im 1979 eröffneten Dorfzentrum, um den sich neben Läden und einem Restaurant auch die Gemeindeverwaltung, der Gemeindesaal und die Gemeindebibliothek gruppieren.

Die heute nur noch an der Mitgliedschaft Oberengstringens im Stadtverband ablesbare Verbindung zu Höngg ist übrigens sehr alt. Die Kirche Höngg und einige nicht genau lokalisierbare Landgüter in (Ober-)engstringen werden bereits in einer vor über 1100 Jahren verfassten Urkunde gemeinsam erwähnt: Im

---

77 Allg. zur Geschichte Oberengstringens: Kurt Schad, Oberengstringen – Unsere Wohngemeinde, o.O. 1962; Halt auf Verlangen: Oberengstringen, o.O. 1982.

78 Archiv Stadtverband II.B.09.22.00, (Oberengstringen – Abstimmungen und Wahlen), Unterlagen zur Abstimmung für die Erstellung eines Kirchgemeindehauses in Oberengstringen, 11.12.1949; Reinhold Frei, Die kirchlichen Verhältnisse von Höngg und Oberengstringen in der Vergangenheit, Zürich 1951; Limmattaler Tagblatt, Nr. 261, 6.11.1951.

Februar des Jahres 870 schenkte ein gewisser Landeloh dem Kloster St. Gallen zuerst seinen Besitz in Affoltern, Weiningen, Dällikon, Buchs und Regensdorf, anschliessend in einem zweiten Rechtsakt am selben Tag seine «Basilica» in Höngg, zu der neben verschiedenen Gütern auch Land in Engstringen gehörte. Während er für die erste Schenkung ausmachte, dass das Kloster ihm und seiner Mutter die Ländereien gegen einen Zins lebenslänglich belassen solle, dachte er bei der zweiten auch an seinen Priester Willebold: Falls er nach ihm sterben sollte, solle ihm das Kloster bis zum Tod die «Basilica in Hoinga» und eine «Hube» Land in Engstringen als Lehen geben.[79]

Die Kirche Höngg ist eine der ältesten in Zürich und Umgebung – nach den archäologischen Befunden bestand sie schon vor der Gründung des Gross- oder Fraumünsters und ist wahrscheinlich ähnlich alt wie die St. Peterkirche. Im 13. Jh. gehörte sie zum Kernbesitz der Freiherren von Regensberg. Im Spätmittelalter war Höngg Zentrum einer grossen Pfarrei, zu der neben Oberengstringen auch Regensdorf, Adlikon und Watt, Affoltern und 1364–1475 vorübergehend auch Nieder-, Ober- und Mettmenhasli gehörten. Nach der Reformation wurde Regensdorf mit Watt und Adlikon mit der ehemaligen Kapelle St. Niklaus als Pfarrkirche zu einer selbständigen Kirchgemeinde erhoben, während Affoltern 1683 eine eigene Kirche erhielt. Bei Höngg blieben nur der Rütihof und Oberengstringen, dessen kleine Kapelle – sie war offenbar der Hl. Verena geweiht und stand in der Nähe des heutigen Kirchgemeindehauses – nach der Reformation als Speicher genutzt wurde.

Kirche, Meierhof und Vogtei von Höngg kamen um 1360 nach verschiedenen Handwechseln an das habsburgische Kloster Wettingen. Schon 1384 musste es die Gerichtsrechte über das Dorf Höngg der Stadt Zürich verpfänden, behielt aber diejenigen von Oberengstringen und die Kirche. Für Oberengstringen und Höngg hatte das längerfristig zwei Folgen: Nach der Eroberung des habsburgischen Aargau 1415 durch die Eidgenossen wurde Oberengstringen Teil der Grafschaft Baden, während Höngg hochgerichtlich bei Zürich verblieb. Als die junge Helvetische Republik nach dem Zusammenbruch der Alten Eidgenossenschaft 1799 als Verwaltungseinheiten politische Gemeinden bildete, konnte sie die Grenzen der Gemeinde Höngg deswegen nicht wie üblich mit denjenigen der Kirchgemeinde zusammenlegen, auch wenn beide nun zum helvetischen Kanton Zürich kamen. Darum bildeten die zwei ehemals zur gleichen Kirche gehörigen Dörfer bis zur Eingemeindung Hönggs zwei Gemeinden.

---

79 Urkundenbuch der Abtei St. Gallen, Bd. 1, Nr. 548 u. 549.

ZU ZELJKO GATARICS FOTOSTRECKE

Die beiden Kirchtürme des Grossmünsters stehen emblematisch für Zürich – und so prägen Kirchenbauten generell ein Stadtbild, im Zusammenspiel oder in Konkurrenz mit anderen Bauten. Urbane Konstellationen also.

Zeljko Gatarics Bildbeitrag für diesen Band besteht aus einer Fotostrecke, auf der Kirchengebäude in ganz unterschiedlichen Konstellationen des städtischen Raumes zu sehen sind.

Gataric arbeitet mit Bildpaaren, mit spannungsvollen Blickwechseln aus der Nähe und aus der Ferne, er vermeidet Postkartenromantik und Klischees, er will gewohnte Wahrnehmungen aufweichen, etwas von der Dynamik dieser Stadt sichtbar machen. Keine Vollständigkeit ist angestrebt, sondern die Optik eines Neugierigen, eines Entdeckers, der die Betrachterin und den Betrachter auf eine Augenreise mitnehmen will.

NP

Charles Landert

REFORM ALS CHANCE

Hintergründe und Gelingensbedingungen der Stadtverbandsreform

Im Rahmen eines von der Reformkommission übertragenen Mandates analysierten meine Mitarbeiterin Martina Brägger und ich 2008 die Situation des Verbandes der stadtzürcherischen evangelisch-reformierten Kirchgemeinden. Anfang 2009 stellten wir den Kirchenpflegen, Verbandsgremien und Mitarbeitenden die Ergebnisse und Folgerungen vor[1]. Unsere Empfehlungen stellten die formale Ausgestaltung des Reformprozesses ins Zentrum – ein Grund für Mitglieder von Kirchenpflegen und Mitarbeitende, uns mit Fragen zu konfrontieren, die inhaltliche Aspekte in den Vordergrund rückten. In den Fragen schwang einerseits eine spürbare Verunsicherung mit, andererseits aber auch Interesse im Blick auf Erwartungen an die reformierte Kirchgemeinde durch Mitglieder mit Distanz zum kirchlichen Leben: Welches ist das Aussenbild von reformierter Kirche? Gelingt es Gruppen zu erreichen, die zur Kirche auf Distanz gehen? Wie können wir zu einer wachsenden Gemeinde werden?

Kein Zweifel: Das Interesse an solchen Fragen verbindet sich bei vielen auch mit dem Willen, dem Trend zur Schrumpfung der Kirchgemeinden entgegenzusteuern. Der Beitrag für diese Festschrift schien uns geeignet, unsere Überlegungen zur Zukunft von Kirchgemeinden und Stadtverband, zu den Möglichkeiten und sinnvollen Entwicklungsschwerpunkten darzulegen. Dabei wollten wir auch unsere Einschätzung der Bedeutung von Religiosität im urbanen Raum nachliefern. Dass organisatorische Reformen und die Besinnung auf die Werte und

---

1 Landert, Charles, Brägger, Martina (2009). Verband der stadtzürcherischen evangelisch-reformierten Kirchgemeinden («Stadtverband»). Aufnahme und Analyse des Ist-Zustandes. Zürich: Reformkommission des Stadtverbands.

Werke der Kirchgemeinden und ihres Stadtverbandes nötig sind, geht aus den unten folgenden Ausführungen unschwer hervor.

Den Ausgangspunkt bildet eine Zusammenfassung der Ergebnisse der Ist-Analyse in knapper Form. In einem zweiten Kapitel werfen wir einen Blick auf die Umfeldentwicklung, die wir im dritten Kapitel kommentieren. Die Folgerungen für die Kirchgemeinden schliessen sich im vierten Kapitel mit einem Ausblick in die Zukunft an.

Potenzial und Schwächen von Kirchgemeinden und Stadtverband

Kirchgemeinden

Unsere Analyse des Stadtverbandes setzte mit einer Betrachtung der Kirchgemeinden ein. Eine gute Vertrautheit mit den Kirchgemeinden erleichterte die Wahrnehmung und Beurteilung des Stadtverbandes und seiner Leistungen.

Die Kirchenordnung der Evangelisch-reformierten Landeskirche beschreibt den Auftrag der Kirchgemeinden in den vier Handlungsfeldern «Verkündigung», «Diakonie und Seelsorge», «Bildung von Kindern, Jugendlichen und Erwachsenen» sowie «Gemeindeaufbau». Sie gibt keine expliziten Prioritäten vor, sieht die vier Handlungsfelder also als gleichwertige Pfeiler kirchlicher Arbeit. Für Gottesdienst und Kasualien, für die religiöse Bildung von Kindern und Jugendlichen und mit Quoren für Pfarrstellen macht die Landeskirche indessen Vorgaben. Anders als es sich bei den meisten anderen Kirchgemeinden der Landeskirche darstellt, hat der Stadtverband auch für eine ausgewogene Präsenz der Gemeindedienste gesorgt. Seit 1995 können die Verbandsgemeinden pro Pfarrstelle eine volle Stelle im Gemeindedienst beanspruchen.

Individuelle Profile der Kirchgemeinden resultieren zunächst aus dem unterschiedlichen Potenzial der Kirchenpflegen sowie der professionellen und freiwilligen Mitarbeitenden. Immer sind sie aber auch ein Abbild von Quartierbesonderheiten und -bedürfnissen. Mitgliederstarke Stadtrandgemeinden etwa verfügen über ein aktives Gemeindeleben und vielfältige Aktivitäten in allen vier Handlungsfeldern für unterschiedliche Zielgruppen. Demgegenüber bilden die kleinen Mitgliedschaften der Altstadt- und einiger citynaher Kirchgemeinden nicht mehr alle Bevölkerungsgruppen ab. Diese Kirchgemeinden legen besonderes Gewicht auf den sonntäglichen Gottesdienst, bieten Raum für musikalische Veranstaltungen, Lesungen oder Veranstaltungen, die im Umfeld von Religion und Spiritualität angesiedelt sind. So ziehen sie Menschen auch aus einem weiteren Einzugsgebiet, bisweilen über den Kanton hinaus, an.

Einige Kirchgemeinden sehen sich vor grossen Herausforderungen, etwa durch die Entmischung der Quartierbevölkerung (auch verbunden mit einem Zuwachs von Menschen anderer Religionen), durch die Altersstruktur, durch Schlafsiedlungen mit hohem Anteil an Einpersonenhaushalten oder grosse

Bevölkerungsfluktuation. Gemeinsam ist fast allen Kirchgemeinden, dass sie Behördenvakanzen oft nur schwer besetzen können. Auch vermögen nicht alle Kirchenpflegen, dem Personal eine kompetente Arbeitgeberin zu sein. Dies ist mit Blick auf die objektive Belastung ehrenamtlicher Behördenmitglieder nachvollziehbar; für das betroffene Personal dennoch wenig befriedigend.

Die kleinen und kleinsten Kirchgemeinden haben Mühe, alle vier Handlungsfelder ausgeglichen und mit vertretbarem Aufwand zu bestellen. Einzelne Zielgruppen sind schlicht zu klein, und das Personal kann nicht gleichzeitig überall sein. Kirchgemeinden, die sich in dieser Lage befinden, kooperieren zwar mit anderen, vor allem in der religiösen Erziehung für Kinder und Jugendliche oder beim Gottesdienst. Der gewonnene Handlungsspielraum und der intensivere fachliche Austausch müssen allerdings mit einem grösseren Aufwand für Absprachen und Organisation erkauft werden.

Dank innerstädtischem Finanzausgleich verfügen alle Kirchgemeinden über eine vergleichbare, gut unterhaltene Infrastruktur. Diese Stärke scheint sich allerdings zunehmend zu einer Belastung zu entwickeln, und die Mittel für eine kleinräumig bereit gestellt Infrastruktur könnten bald einmal beim Personal oder für Projekte fehlen.

Stadtverband

Der Stadtverband verteilt die Steuermittel an die Kirchgemeinden, koordiniert die Investitionstätigkeit und bringt die Ansprüche der Kirchgemeinden mit den finanziellen Mitteln in Einklang. Den Kirchgemeinden steht die Geschäftsstelle mit fachlicher Unterstützung (Rechnungsführung, Liegenschaftenverwaltung, Informatik) zur Verfügung. Aufgaben, die über eine Kirchgemeinde hinaus reichen oder die spezielles Know-how erfordern («stadtkirchliche Aktivitäten»), werden speziellen Institutionen übertragen, etwa der Streetchurch, dem Kirchlichen Sozialdienst, der Fachstelle Kirche und Jugend, der Sihlcity-Kirche, der Spitalseelsorge. Diese in der Seelsorge und Diakonie angesiedelten Angebote sind nach und nach aufgrund erkannter Bedürfnisse entstanden. Heute ist eine gewisse Entfremdung zwischen den finanzierenden Kirchgemeinden und den Angeboten unübersehbar, weil oft nur lose Verbindungen untereinander bestehen. Letztere sind in mancher Hinsicht auch Teil einer Parallelstruktur zu landeskirchlichen Angeboten (z.B. Jugendbereich, Freiwilligenarbeit, Spitalseelsorge).

Budget und Steuerfuss des Stadtverbandes und der Kirchgemeinden werden nach Konsultation der Kirchenpflegen von der Zentralkirchenpflege (ZKP), beschlossen. Die Mitglieder der ZKP sehen sich in einem Zwiespalt. Einerseits sind sie in der Lage, fast alle Anliegen der Kirchgemeinden – auch der eigenen – zu erfüllen. Andererseits empfinden viele unter ihnen den Verbandsvorstand als wenig transparent und sehen sich ihm gegenüber in einer schwachen Position. Erklärungen für die dadurch etablierte «Verbandskultur» müssen in der Verbandsstruktur, häufigen Mehrfachverpflichtungen, fehlenden Instrumenten der ZKP sowie einer nicht existenten Verbandsstrategie[2] gesucht werden. Überdies dürfte die komfortable finanzielle Situation eine offene Gesprächskultur in der ZKP, eine selbstkritische Haltung gegenüber den Verbandsaktivitäten sowie das bewusste Übernehmen einer aktiveren, gestaltenden Rolle durch die ZKP-Mitglieder kaum begünstigt haben. Dies erweist sich heute als tückisch. Viele Kirchgemeinden sind kaum in der Lage, ihre eigenen finanziellen Aussichten zu überschauen. Und auch für ZKP-Mitglieder und Kirchenpflegen ist es schwierig, mit vertretbarem Aufwand das Potenzial des Stadtverbandes einzuschätzen. In den letzten beiden Jahren entwickelte sich allerdings eine Dynamik, die auf eine Stärkung der kirchgemeindlichen Position und eine aktivere Rolle der ZKP zielt.

Vorschläge für die Verbandsreform

Die Aussicht der Kirchgemeinden auf vergleichsweise magere Jahre, die rückläufigen Mitgliederzahlen und das Problem, Vakanzen in der Behörde befriedigend zu ersetzen, führten uns zu Empfehlungen, die zunächst auf organisatorische Aspekte fokussieren: Fortgeführter Ausbau der Geschäftsstelle zur gemeindenahen Dienstleisterin, Überprüfung der stadtkirchlichen Angebote, Reform der Verbandsstrukturen, Erhöhen der Transparenz, Reduktion der Zahl der Kirchgemeinden. Letztlich sollen entsprechende Massnahmen den Weg ebnen für Entwicklungen innerhalb der Kirchgemeinden, etwa die nachvollziehbare übergeordnete Planung, die Konzentration auf die gemeindenahe Arbeit und – wo nötig – eine stärkere Öffnung der kirchgemeindlichen Arbeit für Nicht-Reformierte.

Unser Vorschlag für die Verbandsreform umfasste fünf Teilprojekte:

1) Grundlagen für die Bereiche Liegenschaften, Finanzen und Personal: Das neue Kirchengesetz und die konjunkturbedingt geringeren Steuereingänge von juristischen Personen erfordern eine sorgfältige Bestandsaufnahme der Finanzen und der Personalsituation. Unter Berücksichtigung der Mitgliederzahl ist zu prüfen, wie viele und welche der kirchlichen Liegenschaften ihre heutige Nutzung behalten sollen.

2) Kirchgemeinden: Mit Blick auf sinkende Mitgliederzahlen und die bestehende Infrastruktur werden 34 Kirchgemeinden, darunter viele kleine, langfristig kaum mehr aufrechtzuerhalten sein. Auch kann sich eine verbesserte Fach-

---

2 Eine interessante Vorarbeit liegt vom ehemaligen Geschäftsführer des Stadtverbandes vor. Vgl. Kocher, Hansruedi (2007). Der Weg zu einem Leitbild für den Reformierten Stadtverband Zürich. Freiburg: Verbandsmanagement-Institut der Universität Freiburg.

lichkeit nicht einstellen, wenn kirchliche Mitarbeitende in kleinen Gemeinden viele Einsatzfelder abdecken müssen. Demgegenüber können professionelle Entwicklung und flexiblerer Ressourceneinsatz (Spezialisierungen, Stellvertretung usw.) gefördert werden, wenn in künftig grösseren Gemeinden gleiche Funktionen im Personal mehrfach vertreten sind. Basierend auf einer sorgfältigen Einschätzung von Finanzen und Liegenschaften und mit dem Blick auf ihr Quartier und über die Grenzen hinaus sollen die Kirchgemeinden definieren, welches «Gesicht» (Profil) sie sich geben wollen. Im Zentrum dieses Teilprojekts steht denn auch die Auseinandersetzung über die künftige Landkarte der Stadtzürcher Kirchgemeinden. Die Gründung neuer Kirchgemeinden aus jeweils zwei bis vier bestehenden eröffnet Handlungsspielraum in Bezug auf Programm, Personal, Leitung und Gebäudebewirtschaftung.

3) Geschäftsstelle: Die Geschäftsstelle als gemeindeorientierte Dienstleisterin des Verbands soll die Behörden entlasten. Ihr werden alle Aufgaben der Kirchgemeindeverwaltungen übertragen, die gute Kenntnisse der Rechtssituation, eine hohe Verlässlichkeit und Professionalität erfordern. Eine optimale Organisation und Zusammenarbeit der Fachkräfte des Stadtverbandes, seiner Kirchgemeinden und der landeskirchlichen Verwaltung erlaubt eine intensivierte und innovative Nutzung und Entwicklung des Know-hows und der Erfahrungen. Weil weniger Personen an diesen Aufgaben arbeiten, erhöht sich die Effizienz insgesamt. Dank Entlastung gewinnen die Behörden an Gestaltungsraum zugunsten des kirchlichen Lebens.

4) Stadtkirchliche Angebote: Die stadtkirchlichen Angebote bedürfen der genaueren Betrachtung hinsichtlich inhaltlicher Ausrichtung, Leitung, Wirksamkeit sowie Verbindung zu den Kirchgemeinden. Auch sind mit der Landeskirche Gespräche zu führen über Doppelspurigkeiten mit den gesamtkirchlichen Diensten oder Stabsstellen des Kirchenrats.

5) Strukturreform: Verbandsstrukturen und -organe sind so zu reformieren, dass demokratische Standards, Transparenz der Verbandstätigkeit sowie die Trennung von strategischer und operativer Verantwortung gewährleistet sind. Die ZKP soll die Proportionen der Mitgliederzahlen der Kirchgemeinden widerspiegeln, und das Profil eines Parlamentes erhalten. Neue, wirksame Gremien und Instrumente sollen den Mitgliedern das vorausschauende Handeln erleichtern. Für den Verbandsvorstand bedeutet dies, regelmässig Rechenschaft abzulegen und periodische Standortbestimmungen (Legislaturziele, Finanzplanung) vorzunehmen.

Im Rahmen der Ergebnispräsentationen nahmen wir den Vorschlag für ein sechstes Teilprojekt auf:

6) Stadtkirche 2020: Dieses Teilprojekt soll die Tätigkeitsprofile von Kirchgemeinden und Stadtverband in einer längerfristigen Perspektive ins Zentrum

rücken. In Ergänzung zu den eher organisatorisch-technisch ausgerichteten Teilprojekten 1 bis 5 werden hier Grundlagen und Hilfestellungen für Kirchgemeinden und Stadtverband erarbeitet und die Orientierung verbessert.

Insgesamt soll der Reformprozess den Diskurs über grundsätzliche Fragen stimulieren, etwa über die Aufgabenteilung und Zusammenarbeit von Kirchgemeinden und städtischer Verwaltung, das Verhältnis von Gottesdienst/Verkündigung und Diakonie, über Zielgruppen oder die Gemeinde in einem städtischen Umfeld. Eine neu gewählte Reformkommission leitet den Reformprozess; sie gewährleistet besonders die inhaltliche Verbindung der sechs Teilprojekte.

Die Entwicklung des gesellschaftlichen Umfeldes
Reformen sind notwendige Reaktionen auf Versäumnisse, Umfeldveränderungen oder die vorausschauend-kluge Neuausrichtung bisheriger Aktivitäten an absehbaren Entwicklungen. Die evangelisch-reformierten Kirchgemeinden und ihr Stadtverband haben die Chance, ihren Reformprozess sowohl als Reflexion der Vergangenheit als auch mit Blick auf laufende oder sich erst abzeichnende soziale Veränderungen auszurichten.

Für die Reformierten allgemein und insbesondere für die urbanen reformierten Kirchgemeinden sind Veränderungen vor allem in Bezug auf religiöse Einstellungen und Verhaltensmuster, die Bevölkerungsentwicklung sowie finanzielle Rahmenbedingungen von Bedeutung. Als Taktgeber kann die stark veränderte Religiosität der (urbanen) Bevölkerung gesehen werden.

Religiosität als Privatsache
In den letzten Jahrzehnten spielten sich in der Stadt Zürich dramatische Verschiebungen in der Konfessionszugehörigkeit ihrer Bevölkerung ab. Um den Entwicklungsverlauf nachvollziehen zu können, muss man zu den Anfängen des Stadtverbands zurückgehen: 1910 gehörten 95% der Stadtzürcher Bevölkerung entweder der reformierten Landeskirche oder der römisch-katholischen Kirche an. Konnte sich dieser Wert bis 1970 praktisch halten (93%), sank er innerhalb von knapp 40 Jahren auf 58%; in den nächsten zwanzig Jahren dürfte er unter 50% fallen.

Der zahlenmässige Rückgang der Kirchenmitglieder hat zwei Hauptgründe – einerseits die Veränderungen in der Bevölkerungsstruktur, andererseits veränderte Auffassungen von Religion, Kirche und Kirchenmitgliedschaft und als Folge davon veränderte Muster der Religiosität.

Über die Auswirkung der gesamtgesellschaftlichen Entwicklung auf die Religion, die Kirchen oder die Religiosität liegen ausreichend Datenmaterial und Analysen vor. Bis weit ins 20. Jahrhundert hinein konnte sich das Bild einer ständischen Gesellschaft halten – die Vorstellung, die Menschen hätten innerhalb eines ihnen zugestandenen Raumes eine eng umrissene Rolle zu übernehmen. Die Präsenz der Kirche im Alltag war gross. Sie hatte Orientierungsfunktion, war Teil des Wertegefüges. Sie strukturierte Jahres-, Wochen- und oft auch Tagesablauf und begleitete in Übergangssituationen: Geburt, Taufe, Eintritt ins Erwachsenenleben, Trauung, Tod. Der Gottesdienstbesuch war für sehr viele Menschen bewusster Ausdruck der Religiosität und Teilhabe an der (reformierten) Gemeinde.

Heute, in der wachsend urbanen, plurikulturellen und mobilen Gesellschaft fällt es vielen schwer, Orientierung im Glauben und in der Institution Kirche zu finden. Bisher stabile soziale Gegebenheiten und Institutionen, auch Religion und Kirche, werden hinterfragt, Letztere, weil sie sich selber zunehmend als brüchig und zwiespältig erwiesen hatten. Der Mensch bewegt sich in unterschiedlichen Umwelten und Wertesystemen (Familie, Arbeitsplatz, öffentlicher Raum, Verein, Politik). Seine individuelle Leistung ist es, verschiedenste Ansprüche und Wertvorstellungen zusammenzubringen. Die Emanzipation von vielen äusseren Zwängen ist ein Gewinn, mit dem Preis allerdings, in Krisen vielleicht ohne Anknüpfungspunkte dazustehen.

Die religionssoziologische Analyse des Stellenwerts von Religion und Kirche registriert eine Abwendung von einer gemeinschaftlich gelebten Religiosität (Gottesdienst, Gebet, Verkündigung). An die Stelle eines konfessionell geprägten Christentums tritt eine individuelle, synkretistische Vorstellung vom Religiösen – bisweilen auch als Patchwork-Religiosität umschrieben. Mit ihr werden individuelle Vorstellungen von Gott, dem Sinn des Lebens oder vom Tod verbunden, etwa: Gott ja, Christi Auferstehung nein, Wiedergeburt ja, täglicher Blick ins Horoskop, Ganesha im Reisegepäck usw. Die Feststellung einer individualisierten «Religiosität» scheint einleuchtend, passt sie doch zur Individualisierung und Pluralisierung[3] der Gesellschaft.

Das zweite Verhaltensmuster wird mit «Passage-Religion» umschrieben. Bei ihr beschränkt sich das Mitwirken an Kirche auf die sporadische Teilnahme an Übergangsritualen (Konfirmation, Traugottesdienst, Abdankungen). Wohl gerade weil dieses zweite Muster häufig verbreitet ist, empfehlen Theologen und Religionssoziologen wie etwa der Lausanner Professor Jörg Stolz den Kirchgemeinden und der Pfarrschaft, die Kasualien besonders zu pflegen.

In der Religionssoziologie und Sozialpsychologie besteht breiter Konsens über die beschriebenen Zusammenhänge zwischen gesellschaftlicher Entwicklung, Kirchenmitgliedschaft und religiöser Praxis. Dass auch viele Theologen/innen der Analyse implizit zustimmen, zeigte sich in den Gesprächen mit den in

---

3 Vereinfacht gesagt: Die stärkere Bedeutung des Individuums innerhalb der Gesellschaft sowie das gleichzeitige Tolerieren unterschiedlicher Muster der Lebensführung.

Stadtzürcher Kirchgemeinden tätigen Pfarrer/innen. Tatsächlich hat der Trend zur Pluralisierung der Gesellschaft vor der reformierten Kirche nicht Halt gemacht. Mittels Anpassungen an den sozialen Wandel signalisiert sie Beweglichkeit oder «Modernität»: im Gottesdienst und seiner zeitlichen Ansetzung, in der Schaffung neuer diakonischer Angebote, mit neuen Formen der Seelsorge, mittels Förderung kultureller Veranstaltungen in Kirchen. Auch der Einsatz elektronischer Kommunikationsmedien, das Bedienen medial geschürter Bedürfnisse (Trauergottesdienst für den Kickboxer Andy Hug) oder «Andocken» an ausgesprochen «weltliche» Massenveranstaltungen (Euro08) gehören dazu. Dennoch vermochte sie die Mitgliederzahlen nicht zu halten.

Der Gedanke, dass der nun über vierzig Jahre laufende Prozess unumkehrbar sei, scheidet Pfarrschaft, kirchliche Mitarbeiter/innen und Mitglieder der Behörden in verschiedene Lager. Die Gruppe am einen Rand akzeptiert die beobachtbare Entwicklung als gegeben, bleibt offen gegenüber allen – d. h. auch passiven Mitgliedern und kirchenfernen Menschen – und ist bei Bedarf vorbehaltlos für sie da. Die Gruppe auf der anderen Seite erweckt gegen aussen den Eindruck, dass sie Menschen ohne Glauben als «verloren» betrachtet. Sie sucht Wege, wie diese mit der evangelischen Botschaft zu erreichen und in die Gemeinde (zurück) zu holen wären. Die Hoffnung, dass die Abwendung von Religion und Kirche und der Rückzug ins Private doch noch umkehrbar seien, schöpfen viele aus den ersten beiden «Sonderfall-Studien»[4]. Diese überschätzten die Häufigkeit konfessionell eingebundener Alltagspraktiken wie etwa des Gebets, des Gottesdiensts, der Bibellektüre. Dadurch, aber auch dank oft unkritischer Verweise auf den «Erfolg» von freikirchlichen Bewegungen versucht man, das Bild einer grundsätzlich für Religion immer noch offenen Gesellschaft aufrechtzuerhalten.

Die Evangelisch-reformierte Landeskirche des Kantons Zürich weist in ihrem Jahresbericht 2008 für 6% der Austretenden Begründungen aus, was für eine Interpretation des Austrittsverhaltens nicht ausreicht. Die in einer deutschen Befragung[5] ermittelten häufigsten Austrittsgründe dürften aber auch in der Stadt Zürich zu den bedeutsamsten gehören: «Auch ohne Kirche christlich sein können»; «Kirchensteuern sparen» und «Unglaubwürdigkeit der Kirche». Austritte scheinen in komplexer Weise mit Kirchendistanz, Entfremdung und ökonomisch-pragmatischer Kosten-Nutzen-Abwägung verknüpft zu sein.

Reformierte Bevölkerung und Mitgliederzahl: Trend setzt sich fort

1910 waren 65% der Stadtzürcher Bevölkerung reformiert, 1960 immer noch

---

4   Vgl. Dubach, A, Campiche, R. J., Hg. (1993). Jeder ein Sonderfall? Religion in der Schweiz, 77ff. Zürich: Theologischer Verlag, sowie Campiche, R. J. (2004). Die zwei Gesichter der Religion. Zürich: Theologischer Verlag.
5   Hermelink, Jan, Kirchenaustritt: Bedingungen, Begründungen, Handlungsoptionen. In: Hermelink, Jan; Latzel, Thorsten, Hg. (2008). Kirche empirisch. 95–116. Gütersloh: Gütersloher Verlagshaus.

60%. Der Rückgang setzte erst ab 1970 merkbar ein. Zwischen 2000 und 2008 sank der Mitgliederbestand der reformierten Kirchgemeinden im Verbandsgebiet pro Jahr um 1,3% auf heute rund 98 000 oder 26% der Bevölkerung. Vieles spricht dafür, dass sich dieser absolute Rückgang des Mitgliederbestandes ungebremst fortsetzt.

In der öffentlichen Meinung wird der Mitgliederrückgang als Folge von Kirchenaustritten wahrgenommen. Tatsächlich übertrifft die Zahl der Kirchenaustritte diejenige der Ein- und Übertritte deutlich. In der Stadt Zürich sind aber die Verschiebungen in der Bevölkerungsstruktur bedeutsamer. Gemäss aktuellen Prognosen des kantonalen Statistischen Amtes wird Zürich die Grenze von 400 000 Einwohner/innen bis zum Jahr 2030 nicht überschreiten. Verschiedene Faktoren sprechen dabei dafür, dass die reformierte Bevölkerung Zürichs abnehmen wird. Für das Jahr 2025 wird bei unverändertem Trend ein Anteil von 21% Reformierten an der Gesamtbevölkerung prognostiziert[6].

Die Mitgliederzahl wird neben den bereits dargestellten Trends in der Religiosität der Bevölkerung beeinflusst von Geburten und Sterbefällen, stadt- und kantonsinterner Binnenwanderung und dem Heiratsverhalten.

Der Anteil der Betagten reformierter Konfession ist in der Stadt Zürich überdurchschnittlich hoch. Reformierte Frauen haben vergleichsweise wenige Kinder; die Anzahl reformiert getaufter Kinder[7] vermag den Mitgliederverlust durch Sterbefälle nicht wettzumachen. Werden Schweizer Paare zu Eltern, wandern überdies viele in Gemeinden mit bezahlbarem Wohnraum ab. Die Zuwanderung reformierter Personen aus dem Ausland hält sich in Grenzen. Infolge grosser Wohnbautätigkeit werden einige wenige Kirchgemeinden wachsen, vor allem Affoltern, Industriequartier, Aussersihl Aussersihl und Seebach. Langfristig nimmt aber auch ihre Mitgliederzahl wieder ab, während die Zahl und der Anteil von BewohnerInnen ohne Kirchenmitgliedschaft bzw. nicht christlicher Religionen ansteigen.

Finanzielle Rahmenbedingungen

Der Mitgliederverlust wird sich auch auf der finanziellen Seite bemerkbar machen. Tendenziell weniger Mitglieder werden langfristig weniger Steuereinnahmen generieren. Bestimmend für die Finanzen der Kirchgemeinden und des Stadtverbandes sind allerdings vor allem die Auswirkungen des neuen Kirchengesetzes. Der Nettobeitrag der Stadtverbandskirchgemeinden an die

---

6 Vgl. Bucher, Hans-Peter und Moser, Peter (2008). Prognosemodell zur Schätzung der Zahl und der Altersverteilung der Reformierten in der Stadt Zürich bis 2025. Zürich: Statistisches Amt des Kantons Zürich.
7 Landert, Ch. (2001). Kasualien. Bröckeln von Taufe bis Bestattung. In: Annex. Die Beilage zur Reformierten Presse. Nr. 44/2001, 3–10.

Zentralkasse der Landeskirche wird höher ausfallen. Weil gegen 50% der Steuereinnahmen von juristischen Personen stammen, hat auch die wirtschaftliche Konjunktur grossen Einfluss.

Können die entstehenden Finanzierungslücken heute dank hohem Eigenkapital noch getragen werden, werden Stadtverband und Kirchgemeinden auf weitere Sicht nicht um eine Neudefinition ihres Aufgabenvolumens herumkommen. Es ist noch Zeit, mit den Reformarbeiten einzusetzen; zu grosses Zaudern lassen die finanziellen Rahmenbedingungen allerdings nicht zu.

Kirchgemeinden zwischen Selbsttäuschung und Aufbruch

Nicht alle Kirchgemeinden sehen sich mit den gleichen praktischen Herausforderungen konfrontiert. Je nach Gemeindegrösse, Quartiersituation und Mitgliederstruktur stellen sich Mitgliederverlust, sinkende oder stagnierende Gottesdienstbesuche, Zahl der Kinder und Jugendlichen oder Probleme bei der Behördenbestellung anders dar. Deshalb ist es auch kaum möglich, für alle Kirchgemeinden gültige Empfehlungen abzugeben.

So unterschiedliche Folgen äusserliche Veränderungen in den Kirchgemeinden zeigen, so unterschiedlich sind die Reaktionen der Menschen, die kirchlich engagiert sind. Auf der einen Seite Verzagtheit und Unsicherheit und in der Folge ein Festklammern an optimistisch stimmende Zeichen: etwa die 2007 in Zürich angestiegene Mitgliederzahl, Berichte über «wachsende Gemeinden»[8] oder die Hoffnung, durch Aufspüren und gezieltes Ansprechen von sozialen «Milieus» weiterzukommen. Auf der andern Seite ein Akzeptieren von Bruchlinien in der gesellschaftlichen Entwicklung und die grundsätzliche Frage danach, wie die reformierten Kirchgemeinden der Stadt Zürich darauf reagieren sollen und ob nicht gar wieder eine Reformation der reformierten Kirche notwendig sei – Lust zum Aufbruch, Erneuerungswille und Ideenreichtum also.

Kontraproduktive Mission?

Hakt man bei diesen beiden Gruppen nach, so stellt man fest, dass sie sich in einem Punkt ziemlich deutlich unterscheiden – in der Einschätzung der Menschen bezüglich ihrer Empfänglichkeit für Religion und religiöse Fragen. Vertreter der ersten Gruppe gehen davon aus, dass sich eigentlich viele für Religion und die Botschaft Jesu interessieren. Man müsste nur wissen, wie sie zur reformierten Gemeinde finden. Angehörige der zweiten Gruppe sind hier wesentlich skeptischer. Vorbehaltlos suchen sie die Menschen in ihre Gemeinde aufzunehmen. Reformiert sein zeigt sich für sie vor allem in der Lebensführung («An ihren Taten sollt ihr sie erkennen»). Wenn später jemand zu Jesus findet, umso besser.

---

8 Härle, W. Augenstein, J., Rolf, Sibylle, Siebert, Anja (2008). Wachsen gegen den Trend. Leipzig: Evangelische Verlagsanstalt.

Letztlich geht es hier um die Frage, wie gläubig jemand sein muss, um ein Leben nach dem Evangelium führen zu können. In seiner bemerkenswerten Rede zur Entgegennahme der Ehrendoktorwürde meinte Kirchenratspräsident Ruedi Reich: «Glauben ist mehr als Wissen; aber ohne ein elementares Wissen über das Verständnis von Gott und Welt in christlicher Sicht bei ihren Mitgliedern kann evangelische Kirche nicht gestaltet werden». Übertragen auf unsere Frage, könnte damit eine soziale Trennlinie entstehen zwischen Gläubigen und Zweiflern und Gottlosen. Dies hat eine problematische Seite: Wie soll sich die stark wachsende Zahl von Agnostikern, Atheisten oder religiösen Synkretisten, die in der Seelsorge, Diakonie und beim Gemeindeaufbau in ihrem Quartier mittun wollen, in der reformierten Gemeinde bewegen?

Interner Diskurs notwendig
Über diesen Punkt sollte allgemein, aber besonders in urbanen Kirchgemeinden gestritten werden: Das lange tradierte Selbstbild der christlichen Kirchen, sie verbreiteten als Einzige universelle ethische Werte, darf nicht neu genährt werden. Die «Tragik» der modernen reformierten Kirche und ihrer Gemeinden ist, dass die von ihnen vertretenen, im Selbstbild spezifisch christlichen Werte Allgemeingut geworden sind. Sie finden sich wieder, komplettiert, in der Menschenrechtserklärung der UNO. Die Herausforderung bleibt jedoch bestehen: die Umsetzung des Evangeliums – lokal und heute.

Die Anerkennung dieser Sachverhalte hat einige Bedeutung für die reformierte kirchliche Praxis – allgemein, aber besonders ausgeprägt im urbanen Raum. Will die reformierte Kirche ihre jetzige ökonomische Basis aufrechterhalten, will sie auch künftig gesellschaftliche Ausstrahlung und Bedeutung haben, muss sie mit Blick auf eine die Liturgie und Verkündigung eher abweisende Bevölkerung Angebote machen in den Feldern Sozial- und Gemeinwesenarbeit, Bildung und Kultur. Dies gilt umso stärker, je geringer die Zahl der Mitglieder ist: Künftig kann immer weniger damit gerechnet werden, dass die Affinität zu Religion und zur Institution Kirche über mehrere Generationen tradiert wird. Ein Ernstnehmen von Bedürfnissen einer mobilen Bevölkerung, die gleichwohl im Quartier verwurzelt sein will, ist unabdingbar.

Risiken der öffentlich-rechtlichen Anerkennung
Die umfangreichen und vielfältigen Aktivitäten der Kirchgemeinden und des Stadtverbands für die Öffentlichkeit stützen sich auf motivierte Menschen. Ein Angebot im heutigen Ausmass zu verwirklichen, ist allerdings nur möglich dank der Befugnis zum Erheben von Steuern sowie dank staatlicher Leistungen an die reformierte Landeskirche.

Diese in Art. 130 der Kantonsverfassung festgehaltenen Garantien bergen allerdings auch Risiken. Sie können den Blick nach aussen verstellen und tendenziell auch reformhemmend wirken. Die guten Rechnungsabschlüsse und damit die gesicherte materielle Existenz verführten lange dazu, die Bedeutung der markanten sozialen Veränderungen nicht wahrzunehmen. Aus gesamtstädtischer Sicht wurden in vielen Kirchgemeinden v. a. auf der Ebene von Organisation und Infrastruktur keine Anpassungen vorgenommen. Jene Kirchgemeinden, die sich den Entwicklungen in ihrem Quartier stellten und in der Gemeindeleitung darauf einstellten, sind heute wesentlich besser positioniert als andere, die solches unterliessen.

Eine weitere, nicht zu unterschätzende Wirkung der öffentlich-rechtlichen Anerkennung: Sie verpflichtet die Kirchgemeinden eine Verwaltung aufzubauen, die den Anforderungen von Kantonsverfassung und Gesetzen genügt. Das Profil der kirchlichen Verwaltung(en) gleicht sich in der Folge demjenigen der staatlichen Verwaltung an. Die Kirchgemeinden laufen Gefahr, die potenziell problematische Neigung öffentlicher Verwaltung zur Bürokratie zu übernehmen: Neben dem unbestreitbar positiven Effekt der innerkirchlichen Demokratie begünstigt die öffentlich-rechtliche Anerkennung Tendenzen der Bürokratie. Das Besondere der Kirche, für den Nächsten da zu sein, kann bisweilen unter Druck geraten.

Voraussetzungen gelingender Reform

Aus dem bisher Dargestellten ergeben sich einige Kriterien, die den Erfolg einer Reform bestimmen: realistisches Verständnis von Religiosität, Einstellung gegenüber der Reform, Vorstellung von der idealen Kirchgemeindeform und schliesslich die Fähigkeit, «mit Zukunft umzugehen».

Glaube ist Teil der Intimsphäre der Menschen

Ausgangspunkt ist nochmals die Beobachtung, dass viele in den reformierten Kirchgemeinden Tätige sich wünschen, Menschen zu Christus zu führen und dies auch in ihrem Wirken ausdrücken oder durchblicken lassen. Demgegenüber weiss eine sehr grosse Zahl – Mitglieder oder kirchenferne Menschen – mit Glauben wenig anzufangen. Sie ordnen sinnlich nicht erfahrbare Dimensionen des Daseins ihrer Intimsphäre zu, leben ihren Glauben allenfalls privat. Wenn die Gemeinde betet und singt, werden sie verlegen; das Wort Jesu – oder die Sprache der Pfarrschaft – tönt fremd in ihren Ohren, weil sie sich schon lange weit ausserhalb des kirchgemeindlichen Lebens bewegen. Diese Menschen sind nicht verloren für die kirchliche Gemeinschaft. Aber sie lassen sich nicht abholen – dies meine Vermutung –, wenn sie annehmen müssen, kirchliche Angebote seien vom Wunsch der Akteure getragen, sie zum Glauben zu motivieren. Ein wichtiges Kriterium für erfolgreiche Reform ist deshalb wohl das schmerzliche Zugeständnis engagierter Reformierter, dass jemand in und mit der Kirche engagiert sein kann, ohne dabei seine religiösen Vorstellungen preiszugeben.

Reformprozess als Chance verstehen
Gefragt sind Ideenreichtum und Erneuerungswille! Wie von einigen Kirchgemeinden schon vorgezeigt, sollte das zweifellos vorhandene Potenzial von
Vorausdenkenden und die Bodenhaftung der praktisch Umsetzenden optimal
verbunden werden. Auch wenn Pfarrpersonen, Mitarbeitende der Gemeindedienste – Sozialdiakone/innen, Verwaltungspersonal, Katecheten/innen, Kir-
chenmusiker/innen sowie Hausdienst und Freiwillige – im Alltag zupacken, ohne
Kirchenpflegen und analog Verbandsvorstand, die mitdenken und -entwickeln
und das Werk abstützen, geht es nicht. Gemeinsam entwickeln sie eine Vision
für das Zusammenleben in einem Stadtteil und setzen sie um: Raum lassend,
das Personal motivierend und fördernd, unkompliziert handelnd, selbst immer
bescheiden bleibend: Reform nicht als Muss, nicht Strafaufgabe für Versäumtes,
sondern eine grosse Chance für die Reformierten Zürichs und die Stadt.

Lebendige Kirchgemeinden als Quelle und Ziel der Reform
Zur künftigen Kirchgemeindeorganisation in der Stadt Zürich liegen drei Modelle vor: eine einzige Kirchgemeinde (Stadtkirche) oder bestehende Kirchgemeinden erhalten bzw. deren Zahl reduzieren. Wir favorisieren eine Lösung,
mit der die Stärken der Kirchgemeinden unterstützt und die Schwachstellen
behoben werden können. Aus dem bisher Dargestellten geht hervor, dass das
Potenzial von Kirche künftig in überschaubaren Kirchgemeinden aufgebaut
wird; kleinräumig können Personen sowohl leichter mobilisiert als auch begleitet werden. Die Kirchgemeinden sollen allerdings so gross werden, dass sie in
den vier Handlungsfeldern autonom bestehen können und sich aufwändige
Kooperationen erübrigen. Die neue Grösse eröffnet Handlungsspielräume, weil
mehr Personal, mehr Know-how und mehr Räume zur Disposition stehen. Auch
sind weniger Behördensitze zu besetzen. Somit soll der Reformprozess mit dem
Verständnis angegangen werden, dass funktionierende, lebendige Kirchgemeinden im Durchschnitt grössere Kirchgemeinden sein werden.

Stadtverband und Kirchgemeinden arbeiten mit Zukunftsszenarien
Die 20-jährige Geschichte versuchter Verbandsreformen legt eine Schwäche
des Stadtverbandes und seiner Kirchgemeinden offen: Die Unfähigkeit, wahr-
scheinliche «Zukünfte» darzustellen und daraus die praktischen Konsequenzen
abzuleiten. Eine Gelingensbedingung der Reform ist deshalb, nicht nur auf Be-
kanntem aufzubauen, sondern auch Phantasie zu entwickeln, wie die künftige
Entwicklung der Quartiere verlaufen wird, in denen eine Kirchgemeinde präsent
ist. Die Kirchgemeinden und ihr Stadtverband sollen sich deshalb Analyse- und

Planungskompetenz sichern, um aus vage sich abzeichnenden Veränderungen die richtigen Folgerungen für die Zukunft abzuleiten. Vorausdenken ist mit Wünschen verbunden. Dementsprechend befriedigend wird es für die Kirchgemeinden und ihre engagierten Mitglieder sein, Übergänge vom Heute zum Morgen zu beeinflussen.

Urbane Kirchgemeinden wohin – ausgewählte Thesen

Kirchgemeinden schaffen sich Spielräume und nutzen sie
Kirchliche Tätigkeit läuft neben und mit kommunalen, staatlichen und privaten Akteuren. Die Kirchgemeinden gewinnen an Akzeptanz, je besser sie von staatlichen und kommunalen, stärkeren Zwängen unterliegenden Akteuren unterscheidbar sind. Ermessensspielraum nutzen, Grosszügigkeit, Zurückhaltung im Formalen und Unvoreingenommenheit sind einige Stichworte dazu. Vor allem aber eines: sich Zeit nehmen, damit es zu mehr «Augenblicken» zwischen Mensch und Mensch kommt, «nämlich dazu ..., dass sie sich in die Augen blicken, sich gegenseitig entdecken» (Karl Barth). Wollen die reformierten Kirchgemeinden ihre Ausstrahlung bewahren, müssen sie Begegnungsformen pflegen, mit denen sie auch die «Abwesenden» sowie die konfessionell nicht Gebundenen ansprechen können.

In den Kirchgemeinden arbeiten die besten Fachkräfte
Die Verbreitung des Evangeliums, das Weitergeben von Wertvorstellungen, Bildungs- und Kulturveranstaltungen oder Gemeinwesenarbeit der Kirchgemeinden und des Stadtverbandes sollten sich an hohen Anforderungen orientieren. Kirchliche Mitarbeitende sollten deshalb mit ihrem Fach und den angrenzenden Gebieten sowie mit niederschwelliger Quartierarbeit sehr gut vertraut sein, ebenso auch wissen, wie Institutionen funktionieren, sowie mit Machtstrukturen umgehen können. Personalauswahl, -führung und -förderung, Weiterbildung sowie die Stimulation des internen (Fach-)Diskurses haben hohen Stellenwert. Paradox ist, dass christliche Motivation zwar wichtige Triebkraft des Handelns ist, aber – aus weiter oben aufgeführten Gründen – nicht dominant zum Ausdruck kommen darf. «Diakonische Arbeit fachgerecht tun, ohne allen frömmlerischen Beigeschmack und doch zu erkennen geben, dass im Evangelium die Motivation für dieses Tun liegt – das ist eine der grossen Herausforderungen der nächsten Jahre für unsere Kirche» (Ruedi Reich).

Fokussierung auf Seelsorge, Diakonie und Gemeindeaufbau
Religionssoziologische Studien zeigen, dass die Kirchen ihre breite Akzeptanz heute stärker dank dem Nutzen und der Sinnhaftigkeit ihrer Werke erfährt und weniger dank Liturgie und Verkündigung. An kirchenferne Menschen kann die

Botschaft Jesu nicht im Gottesdienst, in der religiösen Bildung oder im engeren Kreis der Glaubenden weitergegeben werden, sondern «tätig» – als Seelsorge, Diakonie und im Gemeindeaufbau.

Das neue Kirchengesetz hat ein spannungsvolles Feld geschaffen. Der Staat ist in Bezug auf kultische Handlungen an die religiöse Neutralität gebunden, unterstützt aber die Handlungsfelder Seelsorge, Diakonie und Gemeindeaufbau. Die Kirchenordnung liefert dazu die Passung: «Die Kirchenordnung redet von ‹Offenheit gegenüber dem ganzen Volke›. Dies ist durchzuhalten, auch als Minderheitskirche in einer immer stärker multikulturellen Gesellschaft.» (Ruedi Reich). Die nicht kultischen Aktivitäten werden somit noch stärker fokussiert werden müssen. Kirchgemeinden werden ihre Investitionen für den inneren Kreis ihrer Mitglieder (Liturgie, Verkündigung und Religionspädagogik) bzw. die auf das ganze Volk ausgerichteten Felder Seelsorge, Diakonie und Gemeindeaufbau wohl in eine Balance bringen müssen.

Mit Blick auf das grosse Volumen der vom Kirchengesetz ausgelösten Finanzströme kommt dabei der Quartierbevölkerung als Zielgruppe – unabhängig von ihrer Kirchennähe und ihrer Konfession – ein hoher Stellenwert zu. Wenn deren Bedürfnisse erkannt sind, ist zu fragen, ob Kirchgemeinden oder Stadtverband einen Beitrag leisten können, wie dieser aussehen müsste und ob sich Kooperationen anbieten. Ein Perspektivenwechsel von angebots- zu bedürfnisorientierten Aktivitäten wird in einigen Kirchgemeinden sicher nötig sein.

Kirchengebäude als zentraler Ort der Aktivitäten
48 reformierte Kirchengebäude, über 30 Kirchgemeindehäuser und rund 200 weitere Liegenschaften befinden sich im Besitz der Verbandskirchgemeinden. Diese nutzen ihre Kirchen vor allem für den Gottesdienst; gemessen an der Beteiligung der Kirchbürger erscheinen sie heute allerdings überdimensioniert.

Aus soziologischer Sicht gibt es keine Anhaltspunkte dafür, dass der aktuelle Trend beim Gottesdienstbesuch gestoppt und radikal umgekehrt werden könnte. Die aktuelle Situation, in der kleiner werdende Gemeinden über zu viele und zu grosse Räume verfügen, wird sich also eher akzentuieren. Daraus ergibt sich ein Kostenproblem. Kosten lassen sich senken, indem Liegenschaften umgenutzt, veräussert oder abgebrochen werden. Schwierig wird dies allerdings bei den Kirchen. Alle sind im Inventar schützenswerter oder geschützter Bauten aufgeführt. Sechs Kirchen gehen auf die vorreformatorische Zeit zurück, mehr als die Hälfte stammt aus dem 20. Jahrhundert. Das reformierte Kirchengebäude ist zwar nicht geweiht, sondern hat «lediglich» die Funktion eines Versammlungsortes. Gemäss Matthäusevangelium – «Wo zwei oder drei in meinem Namen versammelt sind, da bin ich mitten unter ihnen.» – kann die Liturgie überall gefeiert werden. Nur: Für die Gemeinden und grosse Teile der

Öffentlichkeit haben Kirchen einen hohen emotionalen Wert. Eine gänzlich andere Nutzung oder ein Abbruch einer Kirche würden kaum verstanden.

Die Frage, wie viele Kirchengebäude die Verbandskirchgemeinden finanzieren können, ist damit aber nicht beantwortet. Eine Lösung, die zunächst paradox erscheinen mag, bietet sich an: dass die Kosten bei den nicht für den Gottesdienst genutzten Gebäuden reduziert werden. Gleichzeitig blieben viele Kirchengebäude zur Nutzung durch die Kirchgemeinden frei. Die Kirchen müssten nur neu in Besitz genommen werden: Gelingen kann dies, wenn bauliche Veränderungen vorgenommen werden, etwa indem die grossen Kirchenräume aufgeteilt bzw. unterteilt und bislang anderswo realisierte Nutzungen – auch kirchennaher Institutionen – in die Kirche verlegt werden. Die explizit multifunktionalen Kirchen würden neu belebt und wären Ausdruck vitaler Gemeinden.[9]

Ressourcen dort investieren, wo Not ist und am meisten bewirkt wird
Mit dem Ziel einer gerechten Mittelverteilung erhalten die reformierten Stadtverbandsgemeinden in etwa linear zu den Pfarrstellen (und damit zur Mitgliederzahl) personelle Ressourcen zugeteilt. Die Frage sei hier gestellt, ob das Prinzip nicht modifiziert werden sollte und Kirchgemeinden in belasteten Quartieren oder die wirksamsten Projekte überproportional Mittel erhalten sollten. Ein Anteil könnte weiterhin gemäss bisheriger Regelung, der Rest (in einem Pool reserviert) gemäss Bedürftigkeit eines Stadtteils zugewiesen werden.

Kirchgemeindliche Arbeit selbstbewusst zeigen
Zum Schluss sei noch ein Aspekt erwähnt, der nicht unterschlagen werden darf. Die Öffentlichkeit hat ein Recht darauf zu wissen, was mit den den Kirchen überlassenen Mitteln geschieht. Staatsbeiträge und Steuern der juristischen Personen werden besser akzeptiert, wenn kirchliche Werke erkennbar sind. Alle kirchlichen Arbeiten werden deshalb mit Gewinn darauf achten, wie sie Publizität (im guten Sinne) erhalten können.

Die öffentliche Kommunikation im Stadtverband, konzipiert mit den Kirchgemeinden und abgestimmt mit der Landeskirche, muss einen höheren Stellenwert erhalten. Mittelfristig soll intensiver nachgedacht werden über eine «Marke» Stadtkirche Zürich: Eine Institution, deren Mitglieder und Personal Zeit haben für den Menschen und seine Anliegen, die Ort ist für Gemeinschaft, Besinnung und Reflexion – unverwechselbar halt, dennoch als Teil der Landeskirche wieder erkannt, getragen vom Geist des Evangeliums.

---

9   Keller, Manfred und Vogel, Kerstin, Hg. (2008). Erweiterte Nutzung von Kirchen – Modell mit Zukunft. Berlin: LIT Verlag.

Ralph Kunz

Zürich als Ninive oder neues Jerusalem?
Wie Stadt Kirche reformiert

Visionen und geplatzte Träume

Vor hundert Jahren haben sich die Zürcher Stadtgemeinden zu einem Zweckverband zusammengetan. Auf dem Hintergrund der grossen Reformation war
das eine kleine Reform oder Reorganisation der Kirche. Wenn man Überlegungen zur Kirchenreform in der Stadt Zürich in diesen grösseren geschicht-
lichen Kontext stellt und einleitet mit einem Rückblick auf den Anfang im
16. Jahrhundert, besteht eine gewisse Gefahr, im Jammer über den Sinkflug der
Protestanten oder leere Kirchenbänke zu enden. Der Anfang mit zwei Stadtvisionen bezweckt etwas anderes. Er soll auf Spannungen aufmerksam machen,
die die Reform der Kirche bis heute begleiten.

Das erste Bild ist eine Metapher, die in zeitgenössischen Schriften immer
wieder auftaucht. Zürich wird als Stadt auf dem Berg, als neues Jerusalem
stilisiert.[1] In der Vision des Sehers Johannes ist Jerusalem «vom Himmel her-
abgekommen, von Gott her» (Offb 21,10f.). Es ist eines der schönsten Bilder
der Bibel, die «uns dazu helfen will, Kirche visionär zu erglauben».[2] Trotz oder
wegen ihrer Schönheit hat die Vision eine problematische Geschichte. In der
Überblendung der irdischen Stadt mit dem himmlischen Jerusalem begegnet
eine Verblendung, die nicht nur im Bilderbuch der Zürcher Kirche auftaucht.
Sie mahnt an die dramatischen Ereignisse der 1530er Jahre in Münster. War
Zürich eine Schwärmerstadt? Man muss gleich relativieren. Jedenfalls litt Zürich

---

1   Zur Darstellung (Zürich - das neue Jerusalem, Zentralbibliothek Zürich, Handschriftenabteilung)
    vgl. Patrik Müller, Bullinger, 36. Vgl. dazu Fritz Büsser, Zürich – «Die Stadt auf dem Berg». Bullingers
    reformatorisches Vermächtnis an der Wende zum 21. Jahrhundert. In: Zwa 25, 1998, 21–42.
2   Christian Möller, Lehre vom Gemeindeaufbau, Bd. 2, Göttingen 1990, 177.

nicht lange an schwärmerischer Selbstüberschätzung. Man sah sich ja bald gezwungen, die Wiedertäufer, die am ehesten für endzeitliche Phantasien anfällig waren, in den eigenen Reihen zu bekämpfen. Auch haben die Niederlage in Kappel und der frühe Tod des Reformators Träume einer politischen und religiösen Neuordnung der gesamten Eidgenossenschaft platzen lassen.

Eine zweite alte Radierung spielt eine andere biblische Stadtszene ein.[3] Im Vordergrund sitzt ein Mann unter einem Strauch, im Hintergrund erkennt man eine mittelalterliche Stadt. Der kundige Betrachter identifiziert den Mann als Propheten Jona, den Strauch als Rizinus und Ninive ist natürlich Zürich. Wie muss man die Zeichnung interpretieren?[4] Geht es darum, dass sich ein Nachkomme des Propheten, ein Wortdiener der Kirche, eine wohlverdiente Pause gönnt? Schliesslich hat die Stadt seine Predigt gehört und Busse getan. Oder soll der Betrachtende merken, dass Zürich eigentlich eine heidnische Stadt (geblieben) ist, die man ständig zur Umkehr rufen muss? Oder dachte der Künstler an den Dialog, der sich zwischen Gott und Jona entspannte, nachdem Gott einen kleinen Wurm gesandt hatte, der des Nachts in den Rizinus stach? Zur Erinnerung: Der Strauch verdorrte, Jona beschwerte sich und Gott mahnte seinen Propheten.

---

3   Die Radierung stammt von Dietrich Meyer d. Ä. (1572–1658), der auch für seine Stiche mit Portraits der Reformatoren bekannt ist. Das Bild zeigt Zürich von Osten.

4   Was wollte der Künstler, Dietrich Meyer, sagen? Es ist mir nicht gelungen, etwas darüber zu erfahren. Zum historischen und künstlerischen Hintergrund der Radierung vgl. Bruno Weber, Alte Zürcher Ansichten. Zeichnungen und Aquarelle des 17. und des 18. Jahrhunderts in der graphischen Sammlung der Zentralbibliothek Zürich, in: Turicum. Vierteljahresschrift für Kultur, Wissenschaft und Wirtschaft, Zürich Dezember 1974/Februar 1975, 10–20, 12.

Die Pointe der biblischen Novelle ist tatsächlich Gottes Versuch, den jüdischen Propheten zu bekehren. Offen bleibt, ob Gott Erfolg hat. Die Geschichte endet mit der quasirhetorischen Frage an Jona, ob ihn denn der Rizinus mehr kümmere als das Schicksal der Stadt samt ihrem Vieh (Jona 4,11)? Gott versichert Jona, ihm liege am Heil dieser Menschen. Es seien seine Geschöpfe und er wolle nicht, dass sie ins Verderben stürzen. So will wohl auch der Stich, der den Jona nach Zürich versetzt, an die göttliche Mission erinnern – notabene vor dem Angriff des Wurms. Auf dem Bild ist der Rizinus noch intakt.

Wenn Zürich ein wenig Ninive ist und die Kirche ein wenig Jona gleicht, haben wir Nachkommen keinen Grund, die Reformatoren oder die Stadt mit einem Glorienschein zu schmücken oder die Rolle des Wurms zu spielen. Gott hat der Stadt etwas auszurichten. Dazu braucht er eine Kirche und Diener, die auf ihn hören. Wenn die Kirche der Stadt Zürich das Jubiläum ihrer Verbundenheit feiert, ist ihr zu wünschen, dass sie es in dieser heiter fröhlichen und frommen Weise der Jona-Humoreske tut, wissend, dass Gott alle Menschen liebt, Heiden und Christen, Krethi und Plethi.[5]

Im Gedächtnis der Zürcher Reformation ist das Reden mit prophetischer Stimme auf eindrückliche Weise mit der Person Huldrych Zwinglis und später Heinrich Bullingers verknüpft. Sie ermutigten, trösteten und riefen zur Umkehr. Insofern

---

5   Der Titel eines Bildbands, der die christlich-religiöse Situation zur Jahrtausendwende dokumentieren wollte, heisst: Krethi & Plethi. Christliches und Nachchristliches in Zürich, Zürich 1999.

fand Gottes Wort an Jona in Zürich eine Fortsetzung. Denn dieser Ruf war immer auch mit Hirten- und Kirchenkritik verbunden.[6]

Kirche in Downtown Switzerland

Wenn sich die Reformierten in Zürich auf ihre Wurzeln besinnen, können sie sich selbstkritisch und selbstbewusst an beiden Bildern orientieren. Zürich ist weder Ninive noch Jerusalem, sondern wird in der Spannung dieser Visionen als Stadt reflektiert. Natürlich ist das Visionäre nicht auf biblische Bilder beschränkt. Es sind mit der Moderne neue dazugekommen. Zürich wurde im 19. Jahrhundert zum Zentrum der industriellen Revolution – mit allen damit verbundenen Licht- und Schattenseiten.[7] Die Stadt wurde reich und entwickelte sich zur City. Lange Zeit haben Reisende, die mit dem Zug in den Zürcher Hauptbahnhof einfuhren, auf einer Hausfassade des besetzten Wolgrothareals «ZUREICH» und darüber «Alles wird gut!» lesen können.[8] Zürich brüstet sich heute, auf dem Ranking der schönsten Städte der Welt die Nummer eins zu sein. Zürich Downtown gehört zu den Top Ten.

Das wäre dann quasi die irdische Variante des himmlischen Jerusalem! Wie immer man sich zu solchen Listenplätzen stellen mag, eines ist sicher: Mit dem Wandel der Stadt zur City hat sich auch die Wahrnehmung, Deutung und Beurteilung der oberdeutschen Städtereform gewandelt. Bezeichnenderweise wird im Licht der medialen Öffentlichkeit vor allem die Erinnerung an den Schattenwurf der Jerusalemvision gepflegt. So wiederholen halbgebildete Journalisten die Leier von der Zwinglistadt, die einst erzreformiert, züchtig und sittenstreng gewesen sei und sich nun zur erzliberalen City à la Ninive gemausert habe.[9]

Die Gründung des Zweckverbands vor hundert Jahren war schon dem Namen nach eine pragmatisch motivierte Angelegenheit, die nicht recht in diesen spannungsvollen Bilderreigen passen will. Gleichwohl ist in dieser Reorganisation ein Stück städtische Kirchengeschichte zu erkennen. Dreizehn Kirchgemeinden haben sich entschlossen, gewisse Aufgaben mit einem Verband gemeinsam

---

6 Vgl. Huldrych Zwingli, Der Hirt, in: Schriften, Bd. 1, hg. v. Thomas Brunnschweiler und Samuel Lutz, Zürich 1995, 243–312.

7 Zum sogenannten Escher-System vgl. Carlo Moos, Zürich im 19. Jahrhundert, in: Emidio Campi, Ralph Kunz, Christian Moser (Hg.), Alexander Schweizer (1808–1888) und seine Zeit, Zürich 2008, 39–58,52ff. Gemeint ist damit die wirtschaftspolitische Dominanz von Zürich auf der eidgenössischen Ebene.

8 Zur Besetzung siehe http://de.wikipedia.org/wiki/Besetzung_des_Wohlgroth-Areals (04.09.09).

9 Zum Beispiel schreibt das Magazin Focus: «Die Zwingli-Stadt scheint sich endgültig von ihrer Geschichte zu lösen. Heute gibt sie sich einen anderen Titel. So wirbt sie auf der Webseite für die EuroPride mit dem Satz: ‹Besuchen Sie Zürich, die Schwulen-Hauptstadt der Schweiz.›» Zitiert aus: http://www.schwengeler.ch/wFactum_de/aktuell/2009_02_03_Mehr_Werbegeld_fuer_Europride.php (04.09.09).

anzugehen. Das war ein kleiner, aber eben auch ein wichtiger Reformschritt, weil er der Entwicklung der städtischen Kirche neue Impulse verlieh. Nachdem sich im 19. Jahrhundert die Quartierkirchen etabliert hatten, wird vor allem in seelsorglichen und diakonischen Diensten das *gesamtstädtische* Engagement breiter und intensiver wahrgenommen.

In den folgenden Überlegungen soll es darum gehen, die Chancen und Krisen der Stadtgemeinden und der städtischen Kirche mit dem Rückblick auf ältere und jüngere Stadtvisionen zu verbinden. Das gewählte Verfahren will nicht exakt historisch sein, sondern es sollen praktisch Fragen der Ekklesiologie behandelt werden. Die spannungsvollen Bilder sollen helfen, Verbindungen zwischen den Linien des Visionären und Pragmatischen zu entdecken. Im kurzen Gang durch die Geschichte werden zwei Stationen besonders hervorgehoben: die reformatorische Predigt und die gesellschaftlichen und kulturellen Spannungen im 19. Jahrhundert. Es sind Eindrücke aus diesen Achsenzeiten, die in der Volkskirche der Gegenwart zumindest schemenhaft noch wahrgenommen werden. Das ekklesiologische Interesse richtet sich dabei auf zwei Brennpunkte: wie Gemeinden in der Kirche und wie die Kirche in der städtischen Kultur wahrgenommen wurde. Um die Verschränkung von kirchlicher und urbaner Kultur zu illustrieren, werden drei kirchliche Orte, die für das Engagement des Stadtverbands in jüngerer Zeit stehen, ins Blickfeld gerückt: die streetchurch, die Bahnhof- resp. Sihlcity-Kirche und die Internet- und SMS-Seelsorge. Schliesslich sollen die Erinnerung an die widerspenstigen Stadtvisionen und die Vergegenwärtigungen gesamtstädtischer Kirchen- und Gemeindemodelle miteinander verflochten werden und Gedankenanstösse liefern, um Kirchenentwicklung in der Stadt kreativ weiter- und vorzudenken

Von der Stadt zur City

Bessrend üch!
Von Ninive – einer Grossstadt mit 120 000 Einwohnern – war die Rede. Um sich die Verhältnisse in Zürich vorstellen zu können, muss man von solchen Zahlen abrücken. Zürich war die drittgrösste Stadt der dreizehnörtigen Eidgenossenschaft. Nach der Pestepidemie von 1519, in der ein Viertel der Bevölkerung starb, lebten rund 7000 Einwohner in Zürich. Basel, zum Vergleich, hatte 9000 Einwohner. Die Stadt am Rhein war zwar reicher und gelehrter, politisch war Zürich wichtiger: der «obriste Ort» der Eidgenossenschaft. Darauf war man stolz. Und dazu passt, dass der Zürcher Rat 1521 beschloss, «dass der Buwmeister all denen, so Misthaufen habent in der Stadt, soll lassen gbieten,

dass si in einem Monat demnächsten sölche Misthufen sollent hinus uf ihre Güeter ... lassen füeren.»[10]

Zum Bild der damaligen Verhältnisse gehört auch ein boomendes geistliches Leben. Innerhalb der Stadtmauern gab es einige grosse Klöster, über hundert Altäre und mehr als zweihundert geistliche Personen.[11] In Bullingers Reformationsgeschichte werden aber auch «vil Hurenvolcks» und «fremd Volcks» erwähnt. Zürich war ein Zentrum des Reislaufs und der Pensionenwirtschaft – bekannt auch für Trunksucht, Völlerei und Rauflust. Es habe kaum eine Ratssitzung ohne Schlägerei gegeben, heisst es in der Chronik. Als Zwingli 1518 als Leutpriester nach Zürich berufen wurde, bot sich ihm im Gottesdienst am Grossmünster – sinngemäss zur besten Sendezeit – die Möglichkeit, einen grossen Teil der Stadtbevölkerung zu erreichen, um diese Missstände anzugehen – oder im Bild – die wahren Misthaufen der Stadt «hinus lassen füeren».

Die Lektüre von Zwinglis Schriften lassen zwischen Gottesdienstreform, Theologie des Wortes Gottes und Organisation der städtischen Kirche einen deutlichen Zusammenhang erkennen. Zwingli übernimmt die Rolle des prophetischen Kritikers. Er sieht sich selbst und seine Amtsbrüder in der Tradition der alttestamentlichen Propheten. Der Gottesdienst soll die Gemeinde für den alltäglichen Gottesdienst zurüsten. Denn das wahre Heiligtum ist das Wort, das Gott selbst durch den Mund des Predigers in die Herzen der Hörer spricht. Folglich sind die Hirten keine Priester, sondern Diener des Wortes.

Ein schönes Beispiel seiner biblisch-theologischen Orientierung liefert Zwingli 1528 in der Widmung, die er zur Einführung einer Jesaja-Predigtreihe verfasst hat. Nach einer für Zwingli typischen Gegenüberstellung von göttlicher und menschlicher Erkenntnis fordert er seine Hörer/innen auf, sich ins Innere zu versenken, um die Güte, Reinheit und Heiligkeit Gottes zu erfassen. Weihrauch und Lichter, Opferblut und Heilbäder bringen keine Erleuchtung. Solches richteten auch Schwachköpfe und Buben aus. Wenn wir Gott richtig verehrten, müssten wir auf die Gerechtigkeit achten, dann gewönnen beide, Gott und die Menschen, und es bewähre sich der Glauben. Denn es sei ein Irrtum, wenn wir glauben, man könne gottesfürchtig sein, wenn man gegen die Nebenmenschen, die ihrerseits die gleiche Gottheit verehren, gottlos ge-

---

10 Zitiert wird aus Oskar Farner, Huldrych Zwingli, 4 Bde, Zürich 1943–1960, hier aus Bd. 3, Seine Verkündigung und ihre ersten Früchte 1520–1525, Zürich 1958, 4. Es gibt aktuellere, aber zur Zeit keine lebendigere Darstellung von Zwinglis Predigttätigkeit.

11 Farner, a.a.O., 18. Eine geraffte neue Schilderung zur liturgischen Situation in Zürich am Vorabend der Reformation findet sich bei Michael Baumann, Zuo vesperzyt soellnde sie anheben zu lesen im Nüwen Testament ... Transformation und Transkulturation des Horengottesdienstes in der Zürcher Reformation, in: Bewegung und Beharrung. Aspekte des reformierten Protestantismus, 1520–1650, hg. von Christian Moser und Peter Opitz, Leiden/ Boston 2009, 207–235, bes. 212–218.

wesen sei. Man könne die Gottheit nur so verehren, dass man zugleich auch die, die ihr angenehm sind, liebe. Zwingli fährt fort und spricht zu den politisch Verantwortlichen:

> Möge also unter eurer Führung der vorderste von allen Propheten [sc. Jesaja] bei den Obrigkeiten, den Städten und Völkern seine Posaune ausstrecken und möge er auffordern, dem Herrn den Weg zu bereiten – dann werdet ihr einsehen, dass es nicht aus Eigensinn, sondern aus Pflichtbewusstsein geschieht, wenn unsere Propheten unsere Sitten, die vernachlässigte Gottesfurcht, die vernachlässigte Gerechtigkeit, die missachteten Gesetze ein bisschen scharf angreifen [...] So sei denn Jesaja der Gesetzeswächter der prophetischen Verkündigung [...] Er sei der Spürhund, der vom Einschlafen und Verwedeln nichts wissen will! [...] O glückliche Obrigkeiten, Städte und Völker, bei denen der Herr durch seine Knechte, die Propheten, freimütig redet! Denn so wird die Gottesfurcht wachsen, die Unschuld wiederkehren und die Gerechtigkeit herrschen können! [...] So möge denn der Herr dem frommen Beginnen gewogen sein, auf dass seine Herrlichkeit mitsamt unserer Unschuld mehr und mehr wachse! Amen.[12]

Luther konnte es sich bekanntlich nicht verkneifen, bei Zwingli einen Schuss Schwärmergeist und einen Zug zur Gesetzlichkeit festzustellen. Tatsächlich sind die Verzweiflung über die Sünde, die Rechtfertigung und Heiligung bei Zwingli so nahe beieinander, dass am Ende vor allem der Appell nachhallt: Tut etwas! Bessrend üch – so übersetzt Zwingli das jesuanische «Kehrt um!»

Zwingli liebte Sprachbilder. Eines ist hinsichtlich seines Selbstverständnisses als Prediger besonders aufschlussreich. Christus ist der Hauptmann, der Reformator sein Soldat. Die Rüstung ist wichtig, denn der Feind ist stark und «schlipffrig und krümt sich in tusent Bück».[13] Immer wieder macht Zwingli klar, dass vom Prädikanten alles verlangt ist, auch der Einsatz seines Lebens. Denn «recht Stryter Christi sind, die sich nicht schemend, ob inen der Kopf zerknütschet wirdt umb irs Herren willen».[14]

Zürich – das geistige Zentrum

Jerusalem ist nicht nur das Symbol für die himmlische Stadt, sondern steht auch für den religiösen und politischen Machtanspruch des Zentrums. Zumindest diesen Anspruch erhob Zürich zu verschiedenen Zeiten. Schon vor der Reformation war die Stadt religiös sehr aktiv. Von 1519 an verstärkte sich diese Tendenz. Nicht nur der Graben zwischen den Altgläubigen und Reformier-

---

12 Abgedruckt in Oskar Farner, Huldrych Zwingli. Der Prediger, Zürich 1940, 88.
13 Farner, Verkündigung, a.a.O., 115.
14 A.a.O., 116.

ten, auch die Differenz zwischen dem städtischen Zentrum und der ländlichen Peripherie vergrösserte sich.

Allerdings nahmen die «Jerusalemphantasien» Zürichs schon 1531 ein jähes Ende. Dem Streiter Christi wurde auf dem Schlachtfeld von Kappel tatsächlich der Kopf «zerknütschet». Paradoxerweise wirkte sich die Niederlage positiv aus. Zürich wurde nach der «Katastrophe» zum geistigen Zentrum der Reformation. Der Zürcher Kirchenratspräsident Pfarrer Ruedi Reich bemerkte dazu in einer programmatischen Predigt 475 Jahre nach dem Zweiten Kappeler Landfrieden:

Was wäre mit Zürich, was wäre mit der Schweiz, wenn die Zürcher vor 475 Jahren die Schlacht bei Kappel gewonnen hätten? Wir wären dann wohl hier – wie die Appenzeller am Stoss und die Glarner in Näfels – zu einer Siegesfeier beieinander. Wir würden vielleicht vom Anfang der Vormachtstellung Zürichs in der Eidgenossenschaft schwärmen. Und man könnte darauf hinweisen, wie die Reformation in der ganzen Schweiz ausgebreitet wurde, anstatt in der Katastrophe von Kappel zurückgedrängt zu werden. Aber es wäre dem evangelischen Glauben kaum gut bekommen, wenn er als Religion der Sieger die Eidgenossenschaft beherrscht hätte. Und ein allzu mächtiges Zürich hätte der Eidgenossenschaft kaum gut getan ... Die Katastrophe von Kappel vor 475 Jahren, so hart sie war, sie hat für den Bestand der Eidgenossenschaft und so auch für Zürich durchaus positive Auswirkungen gehabt: Man lernte miteinander zu leben über alle politischen und religiösen Gegensätze hinweg. Und dies in einer Zeit, als im übrigen Europa zu den konfessionellen und nationalistischen Auseinandersetzungen erst so recht gerüstet wurde.[15]

Ruedi Reich deutet es an: Dass Zürich in der Folgezeit zusammen mit Genf zur Zentrale der Reformierten wurde, war eine Folge dieser Niederlage; sie hatte also durchaus positive Wirkungen. Wenn wir diesen Faden weiterspinnen wollten, müsste jetzt von der überragenden Lichtgestalt Heinrich Bullingers die Rede sein, vom «Consensus Tigurinus» und dem «Zweiten Helvetischen Bekenntnis». Im Brennpunkt der folgenden Überlegungen soll aber die Reorganisation des Gottesdienstes und der Kirche stehen.

Reorganisation der kirchlichen Strukturen
Zwingli wollte die sittliche Erneuerung, die Erziehung des Volkes und – durch Busspredigt und Verkündigung des Evangeliums – das Leben in der Stadt und in der Eidgenossenschaft zum Besseren wandeln. Im Programm steckt die kraftvolle Kombination des humanistischen Bildungsoptimismus mit einer konservativen Busstheologie. Sein verständliches und eindringliches Reden bohrte

---

15 Predigt von Pfr. Dr. h.c. Ruedi Reich, gehalten anlässlich 475 Jahre Zweiter Kappeler Landfrieden am Montag, 21. August 2006 in einem ökumenischen Gottesdienst in der Klosterkirche Kappel a.A.

im Gewissen der Schuldigen *und* klärte die Unwissenden auf. Die Kanzelrede soll eine Umkehr zum frommen Leben erwirken. Um dieses Programm optimal umsetzen zu können, war nun aber ein radikaler Eingriff in das liturgische Leben nötig. Zwingli entschied sich, nicht mehr länger die Perikopenordnung zu beachten, sondern über Bibeltexte unverkürzt und in zusammenhängender Auslegung auf Deutsch zu predigen. Der Grund für Zwinglis Systemwechsel ist zunächst also ganz und gar pragmatisch.

Zwingli hat keine neue Form erfunden. Er hat vielmehr eine alte Form gefunden und ihr eine neue Bedeutung gegeben, weil er eine möglichst wirksame und solide Verkündigung wollte: die Prädikantenliturgie, einen katechetischen Kurzgottesdienst ohne Mahlfeier, der auf die karolingische Reform zurückging und durch das Manual von Surgant von Basel her auch Zwingli und Leo Jud bekannt war. Nicht die Form, die *Funktion* des Kanzelgottesdienstes wurde in Zürich verändert.[16] Aus einem Neben- wurde der Hauptgottesdienst.[17]

Zwingli orientierte sich nicht nur an der Bibel, sondern immer auch an der Tradition, die seiner Ansicht nach das biblische Erbe treu tradierte. In seinem «bessrend üch» klingt die altkirchliche Formel der *reformatio in melius per deum* an. Sie bringt menschliches Bemühen und göttliches Vollbringen zusammen. Die Formel *ecclesia semper reformanda,* die vermutlich von Jodocus van Lodenstein (1620–1677) stammt, bezeichnet das inhaltliche Anliegen und verknüpft diese ständige Reformation mit Bildung, Erziehung und Zucht. *Ecclesia semper reformanda* kann aber auch formal verstanden und auf Struktur und Organisation der Kirche bezogen werden. Auch die liturgische Reform ist auf dem Hintergrund unterschiedlicher Rechtsformen der Kirchgemeinde in der spätmittelalterlichen Stadt zu sehen.

Dass ein Leutpriester am Grossmünster auf Drängen des Rats die Messe abschaffte und eine neue Abendmahlsliturgie vorlegte, ist im Zusammenhang einer längeren Ablösungsgeschichte von der bischöflichen Aufsicht zu sehen.[18] Neu war, dass sich Zürich nicht mehr als eine Parochie der Diözese Konstanz betrachtete und das *ius liturgicum* beanspruchte. Zugespitzt formuliert: Die Reformation schlug eine Schneise durch das unübersichtliche Geflecht von Pfründen, Lehen und Privilegien und ersetzte es mit einer Art Stadtverband der ersten Stunde. Man nabelte sich ja nicht nur von Konstanz ab! Auch die Orden bildeten innerhalb der Stadtmauern eigene Gemeinden. Die Auflösung der

---

16 Schulz, Katholische Einflüsse, 136 betont zu Recht, dass pragmatische Gründe den Ausschlag gegeben haben, den «spätmittelalterlichen Kanzelgottesdienst in der Volkssprache» als Gefäss der neuen Lehre zu gebrauchen.

17 Ähnlich auch Walter Bernet, Struktur des Predigtgottesdienstes, in: ders., Verzehrende Erfahrung, hg. Von Hans Holzhey/Fritz Stolz, Zürich 1995, 23–30,23f.

18 Vgl. dazu Christian Möller, Lehre vom Gemeindeaufbau, a.a.O., 147–160. Möller zeichnet die Bedeutungsgeschichte unter dem Titel «Wie aus Paroikia Parochie wird» nach.

Klöster und die Ablösung vom Bischof hatten zur Folge, dass kirchenrechtlich neue Verhältnisse geschaffen wurden. Zürich, Höngg oder Stammheim sind Gemeinden mit Taufrecht und damit – wie jedes Bistum – vollgültig Kirche. Dass die Parochie zur grundlegenden Rechts- und Sozialgestalt der protestantischen Kirche wurde, ist also eine Konsequenz der Reformation, die – das muss immer auch betont werden – auch politisch und ökonomisch motiviert war.[19]

Civitas semper reformanda
Ecclesia semper reformanda bedeutet auf diesem Hintergrund, dass die Sozial- und Rechtsgestalt der Kirche, wie sie sich in der Reformation neu konstituiert hat, nicht auf dem theologischen Reissbrett entworfen wurde. Wie man das Zusammenwirken der verschiedenen Faktoren interpretiert und welchen Einfluss man den geistigen Strömungen beimisst, ist geleitet von Prämissen. Das alles kann hier nicht weiter entfaltet werden. Für den kühnen Sprung ins 19. Jahrhundert muss der Hinweis genügen, dass sich am Beispiel der Entwicklung und Wandlung der Parochie etwas über den wechselseitigen Einfluss von Organisationsformen der Religion und kulturellem Wandel ablesen lässt.[20] Wer sich heute mit der reformierten Kirche in der Stadt Zürich befasst, hat es mit *Gemeinden* zu tun. Kirche ist ein Netz von Parochien mit sehr unterschiedlichem Profil. Entstanden ist dieses Gebilde im Jahrhundert vor der Gründung des Stadtverbandes. Zu den sozialen und kulturellen Veränderungen ein paar Fakten, Hintergründe und Deutungen.[21]

Zürich hatte um 1800 etwa 10 000 Einwohner. Im Verlauf der zweiten Hälfte des 19. Jahrhunderts wurde Zürich durch Industrialisierung und Eingemeindungen zur ersten Schweizer Grossstadt und zählte 1894 bereits 120 000 Einwohner. Den richtig grossen Zuwanderungsboom erlebte die Stadt zwischen 1893 und 1934 durch die eingemeindeten Vororte. Nicht nur Zahlen, auch das Aussehen der Stadt veränderte sich im Laufe der Zeit. Es entstanden seit den ausgehenden 1830er Jahren die Repräsentationsbauten Kantonsschule und Kantonsspital. Ihnen folgte um 1860 der Bau der Bahnhofstrasse, die zum 1871 eingeweihten neuen Bahnhof führte. In der Halle des Hauptbahnhofs spürt man etwas vom Geist der Epoche. Am Ende des Jahrhunderts entstanden die grossen Werke der Belle Epoque: die Quaibrücke, die Quaianlage, Stadthaus und Amtshäuser, Landesmuseum,

---

19 Aufschlussreich ist auch die kirchliche Selbstdarstellung. Vgl. Ludwig Lavater: De ritibus et institutis ecclesiae Tigurinae, Zürich 1559, Neuaufl. 1567; hg. und neu überarbeitet von Johann Baptist Ott, Zürich 1702; übersetzt u.erläutert v. Gottfried Albert Keller, Zürich 1988.
20 Möller, a.a.O.
21 Der folgende Abschnitt zitiert und referiert Carlo Moos, a.a.O., 39f. Moos seinerseits bezieht sich auf Geschichte des Kantons Zürich, Bd. 3, 19. und 20. Jahrhundert, Zürich 1994, 83f. sowie Bruno Fritzsche et al., Historischer Strukturatlas der Schweiz. Die Entstehung der modernen Schweiz, Baden 2001, 42f.

Stadttheater, Tonhalle und Kunsthaus. Auch die soziale Zusammensetzung der Stadtbevölkerung änderte sich massiv. Die Reichen entflohen in die Quartiere am linken Seeufer. Dort wurden die Villen gebaut, die sich heute nur noch russische Ölhändler leisten können. «Demgegenüber ‹verslumte› die rechtsufrige Altstadt und insbesondere das Niederdorf, von wo im Winter 1865/66 eine Typhusepidemie und im Sommer 1867 die Cholera ihren Ausgang nahmen. Die meisten Arbeiter lebten im 1893 eingemeindeten Aussersihl, das stark (bis 1880 bereits auf 14 000 Einwohner) anwuchs und wo 1876 die Kaserne als Symbol der Staatsmacht eingeweiht wurde. ... Im gleichen Zeitraum verschärfte sich die Ausgrenzung der Proletarier in Aussersihl. Sie entlud sich 1896 im sogenannten Italienerkrawall, der mit Ausschreitungen gegen Italiener anhob, sich in der Folge aber gegen die Polizei und das aufgebotene Militär und damit klar gegen die Vertreter des bestehenden Systems richtete und in dieser deutlichen Sozialprotestdimension als Ausdruck einer Modernisierungskrise interpretiert werden muss.»[22]

Innerhalb von nur hundert Jahren wurde aus einem Provinzstädtchen eine Grossstadt. Nun ist die urbane Dynamik nicht einfach neutral. Sie transportierte Bilder, die eine eigene Macht entfalteten und Umwertungen vornahmen. Aus der frommen Stadt, in der man nach dem Einklang von Lehre und Leben trachtete, wurde die Wirtschaftsmetropole. Zunächst als Standort für die Industrie, in einer zweiten Phase als Magnet für das Kapital. Wo so viel Geld fliesst, sind enorme Kräfte am Werk. Es heisst, das Grossmünster sei ein Ort der Kraft.[23] Zumindest ökonomisch betrachtet hat sich das energetische Zentrum Zürichs zum Paradeplatz – nomen est omen! – verschoben.

Die Verlagerung des Zentrums mag als Symptom für den Gedächtnisverlust gelten, den die Stadt seither erlitten hat. In den letzten zweihundert Jahren löste sich die typisch protestantische Verbindung von Volk, Staat und Kirche wieder auf. Stück für Stück hat der Staat Funktionen der Kirche übernommen: die Volksschule, die Gerichtsbarkeit, die Medizin, das Bankwesen, die Universität wurden entkirchlicht. Die Erinnerung an die reformatorische Revolution ist langsam verblasst. Religion hat sich in eigene begrenzte Räume zurückgezogen.

Neue Formen in alten Strukturen

Die Quartierkirchen
Die Abgrenzung des Religiösen ist also die Folge eines rasanten kulturellen Wandels im 19. Jahrhundert. Er widerspiegelt sich im Prozess der *Parochialisie-*

---

22 A.a.O., 40.
23 Vgl. Blanche Merz, Orte der Kraft in der Schweiz, Aarau 2000.

rung der Kirche.[24] Wie in anderen Städten wurden auch in Zürich die Quartiergemeinden zu den hervorragenden Orten des kirchlichen Lebens. Das geistige und
mentale Milieu der Gemeinde prägte das Verständnis und die Wahrnehmung
von Kirche. Das ist im Blick auf die religiöse Bedeutung des Gemeindelebens
auch nicht weiter verwunderlich. Denn «die Parochie ist die Gestalt der Ortsgemeinde, die für regelmässige Durchführung des sonntäglichen Gottesdienstes,
der Kasualien, der Seelsorge und der Diakonie sorgt. Das Parochialprinzip meint
die flächendeckende Versorgung der gesamten christlichen Bevölkerung.»[25]

Wolfgang Huber zählt neben der Parochie noch weitere Sozialgestalten der
Kirche auf: Initiativgruppen, regionale Kirche und überregionale Föderationen.[26]
In dieser Typologie wäre der Stadtverband eine Regionalkirche. Gemäss Huber
bedarf die Kirche unterschiedlicher Sozialgestalten. Es bestehe zwar eine gewisse Gefahr, dass die unterschiedlichen Erfahrungen von Kirche gegeneinander
ausgespielt würden. Die Spannung werde aber konstruktiv, wenn die verschiedenen Formen miteinander existierten.[27]

Über die hier verwendete Nomenklatur mit ihrem typischen Zeitkolorit mag
man streiten und die Typologie verfeinern. Die besonderen Funktionen der
Zentrumsgemeinden, der offenen City-Kirchen und Bildungshäuser sind noch
nicht erfasst.[28] In der Sache ist Hubers Postulat sicher richtig und entspricht in
der Intention dem Zweck des Stadtverbands. Die Kirche vernetzt unterschiedliche «Lieux d'Eglises».[29] Es wäre dennoch falsch, ein Gleichgewicht zwischen
den Gestalten zu fordern. Die Parochie ist und bleibt das Fundament. Deshalb
muss die regionale und kantonale Kirche dafür sorgen, dass die Quartier- und
Zentrumsgemeinden ihre Funktion wahrnehmen können. Es geht nicht nur um
die lokalen Stützpunkte der Kirche, die aus strategischen Gründen gehalten
werden müssen, sondern, wie Christian Möller betont, um die theologische
Bedeutung der Ortsgemeinde:

«Im Blick auf die Parochie gilt, dass die härteste, sperrigste, zugleich aber
auch beharrlichste, stetigste Gestalt der Kirche sich nicht zufällig dort ereignet
hat, wo Menschen geboren werden und sterben, wo sie nicht flüchten können,
wo der zähe Kleinkrieg des Alltags bestanden werden muss und der Nachbar ein

RALPH KUNZ

---

24 Vgl. dazu Möller, a.a.O., 154–160.
25 A.a.O., 157. Möller rezipiert Wolfgang Huber, Kirche, Stuttgart 1979.
26 A.a.O., 44f.
27 A.a.O., 56. Ähnliches stellte schon Werner Jetter, Die Chancen der Ortsgemeinde, WPKG 66,
   1977, 2–18, 15 fest, der ein «offenes Zueinander» forderte.
28 Vgl. dazu Wolfgang Huber et al. (Hg.), Kirche in der Vielfalt der Lebensbezüge. Die vierte
   EKD-Erhebung über Kirchenmitgliedschaft, Gütersloh 2006.
29 Zur Frage der Gemeindedefinitionen vgl. Matthias Krieg/Hans Jürgen Luibl (Hg.), Was macht
   eine Kirchgemeinde aus? Territorialgemeinde, Funktionalgemeinde, Gesinnungsgemeinde,
   Zürich 1998. Zum Verhältnis der Parochie zu anderen «Lieux d'Eglises» vgl. Christoph
   Barben, Territorialgemeinden und andere «Lieux d'Eglise», in: a.a.O., 21–31.

unerträglicher Mensch ist. Da, genau da, ist es am schwierigsten und zugleich am dringlichsten zu leben. Die Kirche hat nicht umsonst ihre bleibende Bedeutung und ihr stärkstes Gewicht dort bekommen, wo die Alten und Kranken, die Müden und Beladenen leben, wo die Neugeborenen getauft, die Jugendlichen begleitet, die Gefangenen besucht, die Trauernden getröstet und die Gestorbenen beerdigt werden müssen.»[30]

streetchurch, Bahnhof- und Sihlcity-Kirche, Internetseelsorge

Das Bild der städtischen Kirche als Gespann von Kirchgemeinden, die sich im Stadtverband zusammenraufen, ist weder theologisch noch historisch stimmig. Im Zeitraum der grössten Veränderungen, also in der ersten Hälfte des 19. Jahrhunderts, erfolgte auch die Gründung der Evangelischen Gesellschaft. Vielleicht muss in diesem Zusammenhang von einer eigenen Sozialgestalt der Kirche die Rede sein. Der Stadtverband hat jedenfalls Anliegen dieser Bewegung innerhalb der Zürcher Landeskirche aufgenommen.

Die Förderung von Bildung und die Forderung nach Diakonie und Evangelisation stehen in engem Zusammenhang mit der Urbanisierung. Das rasante Wachstum der Gemeinden aber überforderte die traditionelle kirchliche Diakonie und pastorale Seelsorge. Da war Arbeit ohne Ende, waren aber auch Chancen, das Evangelium praktisch werden und die alte Vision aufleben zu lassen. Nicht nur hier in Zürich, auch in anderen Ballungszentren Europas entstanden Stadtmissionen, diakonische Werke und Bewegungen. Sie leisten bis heute ihre Arbeit neben den etablierten Kirchen und dienen als Auffangnetze für Menschen, die zwischen die Maschen der staatlichen Fürsorge fallen.[31] Zürich hat zwar viele moderne sozialstaatliche Einrichtungen, aber versteht sich nicht mehr als christliche Stadt. Soziales und Geistliches hat sich auseinander dividiert.

streetchurch

Es überrascht deshalb nicht, dass die Diakonie, die das geistliche Anliegen mit dem sozialen verbindet, an einer sozialen Gestaltung des Glaubens interessiert ist. Mit dem Projekt einer Jugendkirche hat der Stadtverband eine sozial-diakonische Initiative ergriffen, die in der Tradition der Mission steht. Das diakonische

---

30 Möller, a.a.O., 159. Hier in Aufnahme von Ernst Lange, Chancen des Alltags. Überlegungen zur Funktion des christlichen Gottesdienstes in der Gegenwart, München 1984. Lange hat für die Parochie als Basisgestalt der Kirche plädiert, weil sie ein «Sammelplatz der Verwundeten und Verwundbaren ist» (299). Kybernetische Konsequenzen aus der Bedeutung der Ortsgemeinde werden gezogen von Herbert Lindner, Kirche am Ort. Ein Entwicklungsprogramm für Ortsgemeinden, Stuttgart 2000, 117–176. Auch Lindner redet von der lokalen Gemeinde als Basisorganisation der Kirche (160ff.).

31 Vgl. dazu http://www.stadtmission.ch.

Engagement setzt auf eine Gemeinschaft, die weder an eine Institution noch an eine bestehende Parochie gebunden ist.[32] Die streetchurch stellt insofern ein Novum dar. Es ist bezeichnend, dass das Projekt einen englischen Namen hat: streetchurch ist mehr als ein Name:

> Die Zürcher Jugendkirche taucht in die Szene der Zürcher Strassen ein, darum ist streetchurch Programm. Als Kirche übernehmen wir Verantwortung in der Gesellschaft. streetchurch ist Gottesdienst. Blackmusic ist unser Musikstil und der reicht vom Hinterhof gefärbten Rap über R&B bis hin zu den Wurzeln der Blackmusic, dem Gospel. In der streetchurch können Jugendliche mit eigenen Songs Schmerz und Hoffnung ihres Lebens ausdrücken. Die Predigten nehmen diese Themen auf und ermutigen die Jugendlichen zu einem selbstständigen Glauben. streetchurch ist Gemeinschaft. «Love can do it»: Wir glauben, dass die Liebe Gottes Versöhnung schafft und Menschen aus jeder Herkunft verbindet. Die Gemeinschaft untereinander, welche geprägt ist von Respekt und gegenseitiger Anteilnahme, bildet die Grundlage der streetchurch.[33]

Wenn vorhin die Lebens- und Alltagsnähe der Parochie als Plus hervorgehoben wurde, ist damit auch gesagt, dass die Kirche dort ihren Ort haben soll, «wo die Alten und Kranken, die Müden und Beladenen leben, wo die Neugeborenen getauft, die Jugendlichen begleitet, die Gefangenen besucht, die Trauernden getröstet und die Gestorbenen beerdigt werden müssen»[34]. Mit Blick auf die Segregation der Lebenswelten muss aber damit gerechnet werden, dass Alte, Kranke, Jugendliche, Gefangene und Sterbende an je verschiedenen Orten zu Hause – oder eben – unterwegs sind.

Bahnhof- und Sihlcity-Kirche

Der Begriff der Passantengemeinde passt auch zur ökumenischen Bahnhofkirche – einem weiteren innovativen Projekt.[35] Auch hier zeigt der Name an, dass neue Wege beschritten werden. Das Wort Kirche lässt sich als Hinweis auf den Raum deuten. Auf Französisch heisst die Bahnhofkirche Chapelle de gare. Sie ist ein Ort. Und doch kein eigenes Gebäude, sondern Bahnhofkomplex, der als Ganzes den Menschen, die unterwegs sind, als Knotenpunkt und flüchtiger Treffpunkt dient.[36] In der Selbstbeschreibung der Sihlcity-Kirche wird diese Raumdimension noch stärker in den Vordergrund gestellt. Auf der Homepage heisst es:

---

32 http://www.streetchurch.ch.
33 http://zuri.net/adr/24613/streetchurch.htm. (04.09.09)
34 Möller, aaO., 159.
35 http://www.bahnhofkirche.ch.
36 Im Prospekt heisst es: «Sie liegt am Weg, mitten im täglichen Leben der Menschen.» http://www.bahnhofkirche.ch/Prospekt%202009.pdf.

Die Kapelle dient als Raum der Stille dem Kraftschöpfen für die gute Bewältigung des Alltags. Eine Kerze anzünden, Platz nehmen, abschalten, ins Anliegenbuch schreiben, in einer Heiligen Schrift lesen, ein Gebet verrichten, all das können Sie hier mit Ihrer eigenen Herkunft und Prägung tun. Ob Sie Christ sind oder einer anderen oder keiner Religion angehören – Sie sind willkommen. Falls Sie es wünschen, steht Ihnen während den Öffnungszeiten ein Seelsorger oder eine Seelsorgerin zur Verfügung. Der Kontakt wird Ihnen am Empfang vermittelt. [37]

Im Unterschied zur streetchurch, die missionarische Akzente setzt, stellen sich Bahnhof- und Sihlcity-Kirche auch auf Andersgläubige ein. Der Raum der Stille soll interkonfessionell und interreligiös sein. Das «Wegwort» in der Bahnhofkirche und das «Rastwort» in der Ladenkirche sind allgemein religiös gehalten.

SMS- und Internet-Seelsorge

Alle drei der hier kurz beschriebenen Projekte sind «Kirche am Weg». Mobilen Menschen werden Räume – soziale und konkrete – angeboten. Anders verhält es sich mit Angeboten *im Netz*. In der Internet- und SMS-Seelsorge wird der Ortsunabhängigkeit der «Netzbewohner» Rechnung getragen.[38] Hier ist die Loslösung von der Ortsgemeinde sozusagen Programm. Das hindert die Anbieter nicht, sich im Netz klar als kirchliches Angebot zu positionieren. Im Leitbild wird unter dem Titel «Selbstverständnis» erklärt:

> Über die Kanäle der Neuen Medien bieten wir Rat Suchenden einen niederschwelligen Zugang zur kirchlichen Seelsorge. Als kirchlicher Pionier im Bereich Internet und SMS bieten wir einen niederschwelligen Zugang zur Seelsorge. Die Seelsorge wird auf der Basis des christlichen Glaubens geleistet und steht allen Menschen, unabhängig von ihrer Herkunft und Religionszugehörigkeit offen. Sie erfolgt unentgeltlich. Konkret gestaltet sich der Dienst als raschmöglicher Austausch von elektronischen Briefen und Kurzbriefen (E-Mail und SMS) in verschiedenen Sprachen. Bei Bedarf vermitteln wir weitere Anlaufstellen. Das Seelsorgeteam arbeitet ehrenamtlich. Es besteht aus ausgebildeten PfarrerInnen, TheologInnen der evangelisch-reformierten und der römisch-katholischen Kirche und im Bedarfsfalle aus anderen, durch Ausbildung und Erfahrung ausgewiesenen BeraterInnen mit entsprechender kirchlicher Anbindung (PsychologInnen, JugendarbeiterInnen, Diakone).»[39]

---

37 http://www.sihlcitykirche.ch.
38 http://www.seelsorge.net.
39 A.a.O.

In der Internet-Seelsorge geht es in erster Linie darum, dass Hilfe niederschwellig angeboten wird. Die Chance, dass Seelsorge in Anspruch genommen wird, wäre vertan, wenn mit dem Dienst missionarische Absichten verfolgt würden. Dennoch ist das kirchliche Profil deutlich erkennbar. Die Sozialgestalt der Parochie ist zumindest im Team der seelsorglich Tätigen, die Pfarrer sind, eine reale Grösse. Und auch das Türschild «Seelsorge» verweist auf Kirche. Kirche ist wie eine Marke, die für Qualität steht. Sie garantiert als verlässliche Institution für Seriosität. Wer hier anklopft, dem wird aufgetan und menschenfreundliche Spiritualität geboten.

Urbanes Leben und Paroikia

«Ich bin auch Seldwyla»
Zürich-Tourismus warb lange Zeit für die Reize der Stadt mit dem etwas zwiespältigen Slogan «Downtown Switzerland». Der alte Stadtpräsident wollte das grossstädtische Image, das sich mit dem Spruch verbindet, loswerden. Allerdings ist noch kein neuer Slogan bekannt.[40] Für die Euro 08 schrieb sich die Stadt «wir leben Zürich» aufs Banner. Das wiederum wirkt so bieder und provinziell, dass man versucht ist, einen weiteren Werbespruch zu zitieren, der mit durchschlagendem Erfolg auf das vielfältige Angebot des Zürcher Verkehrsverbands aufmerksam macht: Wenn ein Tram sagt, ich bin auch ein Schiff, darf die Weltstadt doch zugeben, dass sie auch Seldwyla ist.

Der Stadtverband muss die Kirche nicht verkaufen. Er ist ein Zweckverband, der denen dient, die in Zürich Kirche leben. Zu seinen Aufgaben gehört aber zunehmend die Förderung einer nachhaltigen Kirchenentwicklung. Ziel ist eine Kirche, in der die unterschiedlichen Dimensionen des urbanen Lebens, seine Spannungen wie Herausforderungen, nicht aufeinander reduziert werden. Wer das anstrebt, dem helfen eingängige Slogans wenig. Es gibt kein schlagendes Rezept für die Kirche in der Stadt. Die *ecclesia semper reformanda* verlangt nach jener Dauerreflexion, die der Soziologe Schelsky den Institutionen zugeschrieben hat. Dazu gehören auch der Mut, etwas Tapferes zu tun, oder ein kräftiger Schuss kybernetischer Optimismus. Positiv formuliert: Man kann die Chancen des Zentrums nutzen, ohne die Peripherie veröden zu lassen. Es ist möglich, City-Kirchen zu fördern und gleichzeitig neue Gemeinschaftsformen mit höherer Mitgliedschaftsbindung zuzulassen. Und es ist auch nicht ausgeschlossen, von regionalen Kooperationen mehr Führungs-

---

40 http://www.tagesanzeiger.ch/zuerich/stadt/Downtown-Switzerland-weg-Welchen-Slogan-verdient-Zuerich/story/26034757 (04.09.09).

verantwortung zu verlangen, ohne die Quartiergemeinden zu schwächen oder den zentralen Diensten der Kantonalkirche das Wasser abzugraben.[41]

Wichtiger denn je ist die bewusste Pflege des eigenen *Profils*. Da «Profil» wie «Vision» und «Leitbild» ein Plastikwort geworden ist, muss man sagen, was man damit (nicht) meint. Profiliert heisst, dass nur eine Kirche, die auf ihr Erbe Rücksicht nimmt, eine Kirche mit Rückgrat ist. Man soll vor lauter Begeisterung (oder Entsetzen) über das *semper reformanda* die *ecclesia reformata* nicht vergessen.[42] Nur eine Kirche, die auf dem Boden des reformatorischen Credo einen festen Stand hat, kann sich der spannungsvollen Repräsentation ihrer multiplen Identität aussetzen. Dafür setzt sie auf Bildung. Profiliert heisst, dass nicht nur in den strategischen, sondern auch in den inhaltlichen Zielbestimmungen falsche Gegensätze vermieden werden müssen. Bildung ist kein Ersatz, sondern Einsatz für den Aufbau der Gemeinde in der multifunktionalen Kirche.

Wenn mit Gemeindeaufbau das Globalziel aller kirchlichen Arbeit gemeint ist, heisst profiliert weiter, dass verschiedene Leitziele kombiniert, operationalisiert und koordiniert umgesetzt werden. Dazu braucht es eine profilierte Leitung und nicht ein Profil für die ganze Stadt. Entsprechend unsinnig wäre es, ein Leitbild zu formulieren, das für die Grossmünstergemeinde und die Bahnhofskirche stimmen soll. Für eine gesamtstädtische Kirchenentwicklung müssten die nötigen Führungsinstrumente freilich erst noch geschaffen werden. Vielleicht muss aus dem Verband ein Bund werden, bis aus dem Nebeneinander unterschiedlicher kirchlicher Orte ein Ineinander der Wirkungen im Netzwerk Kirche werden kann.

Von der Parochie zur Paroikia

Wer das Ende der Gemeindekirche prophezeit und nur noch von Bahnhof-, Laden- und City-Kirchen schwärmt und sie zu Leuchttürmen einer zukunftsträchtigen urbanen Ekklesiologie erklärt, verkennt Tatsachen. Die Gemeinden bleiben das Fundament und die Basis der Kirche. Das traditionelle Engagement des Stadtverbands im Spital und an anderen Institutionen führt aber bezeichnenderweise zu Gemeindeformen, die Arbeits-, Schicksals- oder Weggemeinschaften beherbergen. Ortsgemeinde sollen und können sie zwar nicht ersetzen, aber umgekehrt gilt genauso, dass die Parochie die kulturellen, diakonischen und seelsorglichen Dienste nicht abdecken kann. Die Stadt braucht Kirche und nicht

---

41 Programmatisch dazu das kleine und feine Büchlein von Uta Pohl-Patalong, Von der Ortskirche zu kirchlichen Orten. Ein Zukunftsmodell, Göttingen 2006, bes. 128–160.

42 Vgl. dazu B. Gassmann, Ecclesia Reformata. Die Kirche in den reformierten Bekenntnisschriften, Freiburg 1968.

nur Gemeinden.[43] Auf den Zweckverband gemünzt: das Ganze des Verbands ist mehr als die Summe seiner Teile.

Gerade im Blick auf neue Gemeindeformen gilt es, Synergien zu entdecken und das Netzwerk zu stärken. Die Kirche in der Stadt braucht die Ressourcen der Ortsgemeinden, um neue Sozialgestalten des Glaubens aufbauen zu können. Am Beispiel der streetchurch lässt sich zeigen, dass, wo Gemeindeaufbau mit der sozial-diakonischen Arbeit verknüpft wird, Gemeinden entstehen, die nicht nach dem klassisch parochialen Mustern funktionieren, aber auch keine Gesinnungs- oder Funktionalgemeinden sind. Junge Menschen, die rechtlich gesehen keine Mitglieder sind, keine Steuern zahlen und im «falschen» Quartier wohnen, bekommen Halt und Heimat in einer verbindlichen Gemeinschaft.

Die gesellschaftliche und kulturelle Situation der Kirche in der Stadt hat sich in den letzten hundert Jahren grundlegend geändert. Wer in unseren Verhältnissen nach einem leitenden kybernetischen Paradigma oder einem Zukunftsmodell fragt, kommt irgendwann dazu, einen Forderungskatalog aufzustellen. Wir sind Meister im Delegieren.[44] Der Kirchenrat oder der Stadtverband und die kirchlichen Mitarbeiter sollen es richten. Wenn sich der eingangs erwähnte Jona zwar nicht zum Vorbild eignet und viel eher das Abbild eines unzufriedenen Propheten darstellt, soll hier nicht derselbe Fehler geschehen. Es ist keine Kunst, die Verantwortlichen zu kritisieren und zur Pflicht zu rufen. Wir sind Meister im Kritisieren.

Wenn zum Schluss noch einmal an den reformatorischen Geist und die prophetische Rede erinnert wird, so ist diese Erinnerung eine hoffnungsvolle. Der Traum von der Stadt auf dem Berg ist noch nicht ausgeträumt. Er hat immer noch visionäre Kraft, wenn man akzeptiert, dass diese Stadt auf dem Berg keine bleibende Stadt ist und Ninive heisst. Die Kirche ist als Körperschaft in der Rolle des Jona und soll nach Wegen suchen, den Leib Christi aufzubauen. Gemeinde ist nicht nur eine territoriale Verwaltungseinheit, die flächendeckend versorgt sein muss. Das ist buchstäblich eine Verflachung der Parochie. Denn die ursprüngliche Bedeutung der Parochie ist eine andere. In der Septuaginta meint «paroikia» eine Art Fremde, die Nähe nicht ausschliesst. Das Neue Testament nimmt die Bedeutung auf und spricht vom Christen als vom Beisassen und Fremden, der sein Bürgerrecht im Himmel hat (Phil 3,20).

---

43 So lautet die Quintessenz der Diskussion, die in den letzten Jahrzehnten geführt wurde. Grundlegend und immer noch inspirierend Harvey Cox, Stadt ohne Gott?, Stuttgart/Berlin 1966. Einen guten Eindruck von der Diskussionslage Anfang der 1980er Jahre vermittelt Michael Göpfert/Christian Modehn (Hg.), Kirche in der Stadt, Stuttgart et al. 1981. Einen Überblick zu neueren Ansätzen bietet Wolfgang Lück, Die Zukunft der Kirche. Evangelische Gemeinden im 21. Jahrhundert, Darmstadt 2006.

44 Vgl. dazu Wolfgang Bittner, Kirche – wo bist Du? Plädoyer für das Kirche sein unserer Kirche, Zürich 1993, 61–72.

Christian Möller zeichnet in seiner Lehre vom Gemeindeaufbau die Entwicklung der Paroikia zur Parochie nach.[45] Was eigentlich Nachbarschaft neben Fremden meinte, wird zum terminus technicus für ein bestimmt umgrenztes Gebiet. Wenn unsere Gemeinden Gemeinwesen werden, die Nachbarschaft Raum geben, werden Parochien wieder paroikia. Wenn das geschieht, hat Kirche in der Stadt Zukunft. Das Potential der Parochie ist die Paroikia. Um es zu entfalten, braucht sie einen Schuss Jerusalembegeisterung und einen pragmatischen Stadtverband.

---

45 Möller, a.a.O., 147f.

AUTORINNEN UND AUTOREN

Gottlieb Burkhard (1915 – 2000), war Mitglied des Verbandsvorstandes von 1965 bis 1986 und Präsident der Zentralkirchenpflege von 1965 bis 1977.

Zeljko Gataric, freier Fotograf, Zürich, www.gataric-fotografie.ch

Christine Grünig, lic. iur., Richterin am Sozialversicherungsgericht des Kantons Zürich, seit September 1994 Präsidentin des Verbandsvorstandes der evangelisch-reformierten Kirchgemeinden der Stadt Zürich.

Ralph Kunz, Dr. theol., Professor für Praktische Theologie an der Universität Zürich.

Charles Landert, lic. phil., Sozialwissenschafter, Mitgründer und -inhaber von Landert Partner – Sozialforschung, Evaluation, Konzepte in Zürich.

Martin Leonhard, lic. phil., Historiker in Zürich.

Peter Opitz, Dr. theol., Professor für Kirchengeschichte an der Universität Zürich.

Niklaus Peter, Dr. theol., Pfarrer am Fraumünster und Vizedekan.